A formação do homem

MARIA MONTESSORI

A formação do homem

Tradução
Sonia Maria Braga

KÍRION

A formação do homem
Maria Montessori
1ª edição — novembro de 2018 — CEDET
Título original: *Formazione dell'uomo*, 1949
Traduzido a partir da edição francesa
La formation de l'homme,
Desclée de Brouwer, 1996, trad. de Michel Valois

Reservados todos os direitos desta obra.
Proibida toda e qualquer reprodução desta edição por qualquer meio ou forma, seja ela eletrônica ou mecânica, fotocópia, gravação ou qualquer outro meio de reprodução, sem permissão expressa do editor.

Editor:
Felipe Denardi

Tradução:
Sonia Maria Braga

Revisão & preparação:
Vitório Armelin

Capa:
Gabriela Haeitmann

Diagramação:
Virgínia Morais

Revisão de provas:
Beatriz Mancilha
Nelson Dias Corrêa

Os direitos desta edição pertencem ao
CEDET — Centro de Desenvolvimento Profissional e Tecnológico
Rua Armando Strazzacappa, 490
CEP: 13087-605 — Campinas–SP
Telefones: (19) 3249–0580 / 3327–2257
e-mail: livros@cedet.com.br

Conselho Editorial:
Adelice Godoy
César Kyn d'Ávila
Silvio Grimaldo de Camargo

Sumário

Apresentação da edição brasileira	7
Prefácio	11
Introdução: Contradições	15
O que é o Método Montessori?	18
O homem, esse desconhecido	19
O estudo do homem	21
A questão social de nossa época	23
A tarefa da nova educação	26

1   A revelação da ordem natural
nas crianças e seus obstáculos   31

    As revelações e seus obstáculos   31
    As revelações anteriores   36
    A forma mental da infância   37
    A *Mneme*   39
    A autodisciplina   41
    Ordem e bondade moral   45
    A base do crescimento   48
    Educação dilatadora   49

2   Os preconceitos sobre as crianças
nas ciências e na educação   51

    A aquisição da cultura   51

	A questão social da criança	58
	O *ombihus*	64
3	As "nebulosas"	67
	O homem e o animal	67
	A função da criança	70
	O embrião espiritual	73
	O espírito absorvente	74
	A adaptação	78
	O contato com o mundo	80
	Conclusões	83
	A luta contra o analfabetismo, um problema mundial	87

Apresentação da edição brasileira

O livro *A formação do homem*, embora pequenino, é de grande profundidade. Escrito na Índia, durante seu exílio, e publicado em 1949, quando retornou à Europa, parece-nos que a Dra. Maria Montessori está viva a falar-nos de temas tão atuais, ainda no século XXI.

Pelo interesse que o trabalho de Maria Montessori vem despertando em educadores brasileiros, é importante que se tenha mais esta obra, em que a sua psicologia, seu olhar delicado e profundo sobre as necessidades da criança, estão presentes.

A percepção de que há um problema social no que se refere à educação das crianças é muito importante em nosso país, como em todo o mundo: é preciso valorizar a criança, respeitá-la e banir os preconceitos, como nos alerta Montessori nessa obra. A criança tem capacidades que precisam ser vistas, respeitadas e valorizadas.

Montessori aborda, ao final do livro, um assunto de extrema importância ainda hoje: o analfabetismo. Traça paralelos entre facilidades e dificuldades da aprendizagem da escrita e da leitura pelo adulto, trazendo uma reflexão importante para que se cuide desse aspecto na educação da criança, evitando-se as altas estatísticas de analfabetismo com que ainda nos deparamos.

Cada um que ler e estudar este livro terá a certeza de que a Dra. Montessori deixou um legado que não tem idade; seus princípios correspondem às propostas educacionais que são elencadas como ideais para o século XXI.

Agradecemos a Maria Montessori pelo seu empenho em prestar um enorme e excelente serviço em benefício da humanidade, a sua coragem de quebrar paradigmas em educação em período tão difícil da história humana. Ela foi e ainda é uma vanguardista na área educacional, embora ainda pouco conhecida por aqueles que pretendem ensinar sobre educação.

Atente-se que é neste livro que ela enuncia, pela primeira vez, a necessidade de um olhar *psicopedagógico* para a educação da criança, e podemos dizer, do jovem.

A escolha da tradução a partir da edição francesa, prefaciada por sua neta Renilde Montessori, foi proposital, para que se ampliasse o conhecimento de personalidades familiares diretamente relacionadas à autora italiana de nascimento, mas, como fez questão de se afirmar, "cidadã do mundo".

Renilde (1929–2012) foi a neta mais nova da Dra. Maria Montessori, filha de seu único filho e grande companheiro de estudos, Mario Montesano Montessori. Ela viveu e viajou muito com sua avó, absorvendo-lhe os ensinamentos. Em 1995, foi morar na casa onde até hoje funciona a sede da Association Montessori Internationale (AMI), em Amsterdã. Lá ela vivera com seu pai e Ada Montessori em 1947.

Quando Renilde tornou-se presidente da AMI, teve a iniciativa de criar um *website* para melhor divulgar o que realmente é o trabalho Montessori em educação, tendo em vista o grande interesse que percebeu naquela época, como hoje, sobre esse assunto.

Renilde Montessori apoiou um outro projeto importante, que durou anos: a pesquisa de documentos originais (desenhos detalhados de materiais) de sua avó. Seu trabalho foi um esforço para organizar os arquivos da AMI para que se tornassem uma fonte de estudos e pesquisas.

Para encorajar os seguidores dos ensinamentos de Montessori a ampliarem a aplicação dos princípios do trabalho educacional pioneiro de sua avó, fundou o braço da Association Montessori Internationale (AMI), "Educadores sem fronteiras", em 1999, com o objetivo de aplicar Montessori e suas práticas na educação em benefício de todas as crianças no mundo, independente de nacionalidade, etnia ou nível social. "Educadores sem fronteiras" tem em seu estatuto o compromisso com a valorização dos direitos humanos, a educação e o bem-estar das crianças onde quer que estejam.

Por todos os motivos expostos, leia, estude e reflita sobre o que a Dra. Montessori nos traz nesta obra e comprove estarmos diante de um livro precioso para os dias que estamos vivendo.

Sonia Maria Braga
Fundadora e Diretora Pedagógica de Meimei Escola Montessoriana
Membro da Association Montessori Internaionale (AMI),
da American Montessori Society (MAS)
e da North American Montessori Teachers Association (NAMTA)
Presidente da Organização Montessori do Brasil (OMB)

Prefácio

Maria Montessori escreveu *A formação do homem* na Índia, e enviou o manuscrito às Edições Garzanti, em Milão. Deveria ser sua última obra. Ela colocou, assim, uma espécie de clímax numa obra literária considerável, iniciada na Itália há mais de meio século.

Este livro se apresenta como um testamento espiritual, uma síntese global, uma quintessência de seu pensamento.

Ela o redigiu em Adyar, próximo a Madras — no lugar onde viveu desde sua chegada à Índia em 1939, e que seria igualmente sua última residência em 1949 — proferindo seu nono Ciclo de Ensinamentos Montessori na Índia. Provavelmente ela trabalhava todas as manhãs, como sempre, no terraço da "casa das cem colunas", que domina uma paisagem de palmeiras e de casuarinas, de flores e ervas espessas e que é banhada pelo murmúrio do oceano.

Publicado em fevereiro de 1949, o livro suscitou um vivo interesse nos meios intelectuais italianos e imediatamente foi um sucesso de vendas. Teve três edições em vinte meses. O editor italiano o apresentava assim:

> Este volume, da pena da ilustre Maria Montessori, nos demonstra sua genialidade e inteligência, fecundados pela mais vasta experiência. Apoiando-se nesta última, Maria Montessori nos oferece um meio de combater a ameaça iminente que pesa sobre a civilização, um meio de salvar a humanidade. Essa salvação, nós a encontraremos precisamente nutrindo a misteriosa semente nova que é o poder inexplorado que se encontra na criança.

Em junho de 1949, Maria Montessori retorna à Europa e participa do primeiro Congresso Internacional Montessori pós-guerra, que aconteceu na Itália, nessa "cidade das flores" que é San Remo. Seu tema foi "a formação do homem na reconstrução do mundo", tema inspirado pelo livro, que foi o suporte intelectual do congresso. O livro e o congresso prestavam testemunho à obra empreendida e reafirmavam a necessidade de segui-la para "contribuir com a formação de uma humanidade melhor, capaz de criar uma civilização baseada na paz e no progresso".

Após mais de meio século, Maria Montessori tentava, incansavelmente, fazer com que a sociedade tomasse consciência de duas verdades essenciais: por um lado, de que o único meio de conduzir o mundo na direção da paz é a educação; por outro lado, de que a criança vem ao mundo possuindo diretrizes internas que permitirão ao adulto tornar essa educação sadia. Ela propunha um conjunto único de princípios, de práticas e de materiais educativos e um meio também único de compreender a verdadeira natureza da criança.

Sua visão da criança parecia fora do comum e difícil de ser integrada na ética social. Para aqueles que a conheciam bem, seu último livro é impregnado de um sentimento de tristeza. Ela bem sabia que, em sua vida, não teria a alegria de ver a sociedade pronta para entender sua mensagem. Nos seus últimos anos de vida, essa tristeza a levou a dizer muito calmamente: "Eles ainda nada entenderam".

Mas ela sabia que com o tempo a humanidade terminaria por adquirir a sabedoria, porque possuía uma fé infinita no gênero humano; tinha uma esperança imensa em sua evolução na direção de um estado de equilíbrio mental. Em sua primeira conferência no Congresso de San Remo, em 22 de agosto de 1949, ela declarou: "Eu lhes asseguro que se eu não estivesse perfeitamente certa de que a humanidade pudesse melhorar, eu jamais teria tido a força de me dedicar durante cinqüenta anos. Eu tive muitas vezes que retomar, já que minha obra era destruída por outros! Eu não teria a força, em minha idade, de ainda viajar pelo mundo para proclamar esta verdade".

A obra presente contém uma parte essencial dessa verdade de Maria Montessori. Ela constitui uma chave para penetrar na obra imensa e profunda dessa educadora formidável, que foi, talvez, a maior de todos os tempos.

Renilde Montessori

Introdução: Contradições

Tantos anos se passaram desde que comecei meu trabalho! Em 1907, nós inauguramos a primeira Casa das Crianças. Pouco depois, repercutia pelo mundo inteiro o rumor de que havia uma nova maneira de educar as crianças. Desde então, mais de quarenta anos se passaram e duas guerras européias e mundiais aconteceram. No entanto, a dinâmica de nosso movimento educativo, atualmente bem implantado em inúmeros países, não se reduziu.

Estou mais do que nunca convencida da importância da educação das crianças e desejo dar um novo salto à nossa obra para contribuir eficazmente na reconstrução dessa humanidade despedaçada e como que oprimida pelas catástrofes mais terríveis da história.

Eu me dirijo hoje a vocês como a uma família que deve seguir seu caminho. Ela é certamente jovem e forte, mas precisa mesmo de fé e de esperança, e eu gostaria de lhe dar um guia para orientar sua ação.

Porque sentimos tantas dificuldades, contradições e incertezas no que se nomeia de Escola Montessori ou Método Montessori? Nossas escolas não atravessaram as guerras e sobreviveram às catástrofes? Elas não se espalharam pelo mundo inteiro? Não as encontramos até nas ilhas do Havaí, em Honolulu, bem no meio do oceano Pacífico, na Nigéria, no Ceilão e na China, quer dizer, implantadas no meio de todos os povos e de todos os países do mundo?

São elas escolas absolutamente perfeitas tanto para a população da África ou da China quanto para aquelas de todos os países considerados civilizados? Se consultarem os *experts*, eles dirão que não são escolas verdadeiramente boas, mas todos concordarão que o Método Montessori é o método educativo moderno mais divulgado. Por que, então, ele se expande, se não é um modelo de perfeição? Quantos países mudaram suas leis para não criarem obstáculos à difusão do Método Montessori! Por que, então? Por quais razões? E como foi que ele se espalhou por todos esses países, sem apoio de revistas e de campanhas publicitárias que podem ser oferecidas por sociedades perfeitamente organizadas, das quais as filiais de cada país são organicamente coordenadas?

Tudo acontece como se ele fosse um fermento de transformação, uma semente que se espalha sob o vento forte.

Nosso método pode parecer muito seguro de si mesmo, e querer, egoisticamente, avançar sozinho, sem aliar-se a qualquer outro. No entanto, existe algum outro que pregue tanto a união como a paz no mundo?

Quanta contradição! Tudo isso não é um pouco misterioso?

E eis que movimentos importantes de educadores, como a grande associação mundial New Education Fellowship, desejam harmonizar o Método Montessori e os demais métodos novos que continuam a surgir por toda parte e fazê-los colaborar! Por toda parte se procura acessar o estágio decisivo, que consiste em estabelecer um acordo entre todas as forças que, cada uma à sua maneira, trabalham para a educação das crianças. É preciso, então, tirar o método de seu isolamento e fazê-lo ser apreciado pelos especialistas. Mas é preciso, sobretudo, ensiná-lo melhor aos mestres, dedicando mais tempo a isso. Sei, contudo, que muitos dos que consagraram suas vidas a esse método são confrontados, atualmente, por problemas de cooperação.

Outro fenômeno estranho: esse método utilizado pelos jardins de infância se insinua pouco a pouco nas escolas fundamentais, depois nas de ensino médio, e finalmente nas universidades!

Na Holanda há cinco liceus Montessori. Seus resultados são tão satisfatórios que o governo desse país não apenas começou a subvencioná-los, mas também a lhes dar autonomia, como a todos os demais liceus reconhecidos. Vi em Paris um liceu privado montessoriano em que os alunos são mais seguros de si mesmos, têm um caráter mais firme e menos angustiado pelos exames do que alunos de outros liceus franceses. Na Índia chegou-se à conclusão de que são necessárias universidades Montessori.

Nosso método fez igualmente o caminho inverso: nós o usamos com crianças com menos de três anos. No Ceilão, admitimos crianças de apenas dois anos em nossas escolas e os pais pedem que as crianças de um ano e meio sejam admitidas. Na Inglaterra há muitas creches que usam nosso método, e existem creches montessorianas em Nova Iorque.

O que é, então, esse método que começa com os recém-nascidos e tende a ir até os doutores da universidade?

Notemos que está longe de ser o caso de outros métodos. O método Froëbel é exclusivo para crianças na idade pré-escolar; o método Pestallozzi atende apenas às escolas fundamentais; os métodos de Herbart tratam apenas do ensino médio. Dentre os métodos modernos há igualmente o método Decroly, destinado às escolas fundamentais; o Plano Dalton olha especificamente para as escolas de ensino médio; e assim por diante.

É verdade que os métodos clássicos evoluíram, os professores optaram por um ciclo escolar e nele se especializaram. Eles não podem, da noite para o dia, ensinar em um outro. Um professor de ensino médio não conhece a maneira de educar os pequeninos nos jardins de infância, e ainda menos nas creches. Os ciclos de educação são muito diferentes e os métodos que vemos se multiplicarem só se referem, o que é lógico, a um único segmento.

Seria uma falta de sentido falar de um liceu usando o método Froëbel e uma brincadeira querer estender à universidade os métodos usados nas creches, não é mesmo?

Por que, então, falamos seriamente em estender o Método Montessori a todos os níveis da educação? O que entendemos por isso?

O que entendemos, então, por "Método Montessori"?

Fazemos freqüentemente paralelos e comparações. Comparamos, por exemplo, creches inglesas com escolas Montessori, os jogos utilizados e a maneira de tratar as crianças nessas duas instituições, com objetivo de harmonizá-las e a ponto de as aproximar e amalgamar numa apenas. Na América, numerosos paralelos foram feitos com o objetivo de equiparar os jardins de infância froëbelianos e as Casas das Crianças. Comparando nosso material e o dos froëbelianos, concluiu-se que eram igualmente válidos e que conviria utilizá-los juntos. Mas há pontos divergentes no assunto, por exemplo, os contos de fada, os jogos com areia, a utilização dos materiais e outras especificidades que cada um se esforça por justificar. Nas escolas fundamentais, continua a se discutir a leitura, a escrita e o cálculo, e se critica particularmente nossa insistência em ensinar geometria e outros assuntos, para alguns muito avançados para esse nível de educação. No que se refere ao ensino médio, as preocupações divergem igualmente. Alguns pensam que não damos muita importância aos esportes e a certas atividades que conferem um estilo mais moderno ao ensino — mecânica e trabalhos manuais, por exemplo. E tudo isso é dito porque os programas das escolas montessorianas devem forçosamente corresponder a esses outros estabelecimentos de ensino médio que desejam que seus alunos possam ser admitidos na universidade.

Em suma, estamos diante de uma questão complicada...

O que é o Método Montessori?

Como definir, em poucas palavras, o que é o Método Montessori?

Se nós abandonássemos não apenas seu nome próprio, mas também o conceito comum de "método" para substituí-lo por uma outra denominação, se falássemos, por exemplo, de "ajuda oferecida à pessoa humana para conquistar sua independência", ou de "meio que lhe oferecemos para libertar-se da opressão dos velhos preconceitos da educação", então tudo ficaria claro! Porque é a pessoa humana que conta e não o método de educação.

O que importa é que a defesa da criança, o reconhecimento científico de sua natureza e a proclamação social de seus direitos substituam os diversos preconceitos sobre educação.

A *personalidade humana* caracteriza a totalidade dos seres humanos, sejam eles europeus, hindus, chineses ou outros. É por isso que as pesquisas sobre as condições de vida capazes de facilitar o desabrochar da pessoa referem-se e interessam forçosamente a todos os países do mundo.

O que é, então, a personalidade humana? Onde ela começa? Em que momento o ser humano começa a ser um homem? Isso é difícil de determinar. No Antigo Testamento, vemos a criação do homem de idade adulta. É preciso aguardar o Novo para ver, enfim, a vida humana começando na infância. A personalidade humana certamente é uma só através dos diferentes estágios de desenvolvimento do indivíduo. Quaisquer que sejam os homens, em qualquer idade que sejam observados — infância, adolescência ou idade adulta — todos começaram por ser crianças e progressivamente se transformaram em adultos, sem ruptura de suas personalidades. Se então a personalidade humana é única ao longo de diversos estágios de seu desenvolvimento, fica claro que devemos repousar a educação sobre um princípio geral válido para todas estas etapas.

De qualquer forma, nós proclamamos que a criança é um ser humano integral.

O homem, esse desconhecido

O homem que vem ao mundo sob a forma de uma criança se desenvolve rapidamente como uma espécie de milagre criador. O recém-nascido ainda não tem a linguagem, nem as outras características da espécie humana. Ainda não tem inteligência nem memória. Ainda não é capaz de se manter sobre suas pernas. No entanto, esse recém-nascido empreende uma verdadeira criação psíquica: aos dois anos de idade, ele fala, anda e reconhece os objetos e, aos cinco anos, seu desenvolvimento psíquico é suficiente para que possa estudar na escola.

Atualmente, numerosos cientistas se interessam pela psicologia das crianças ao longo de seus dois primeiros anos. Durante milhares e milhares de anos, a humanidade passou ao largo da criança, mantendo-se totalmente insensível a esse tipo de milagre da natureza que é a formação de uma inteligência, de uma personalidade humana.

Vejamos então como essa inteligência se forma, segundo que processo e que leis.

Já que todo o universo segue leis bem estabelecidas, como poderia o próprio espírito humano construir-se apesar das circunstâncias, quer dizer, sem seguir as leis? Tudo acontece de acordo com processos complexos. O ser humano que, aos cinco anos, se transformou num ser inteligente, forçosamente seguiu uma evolução construtiva complexa. Infelizmente, essa questão permanece totalmente inexplorada. O processo de formação da personalidade é um buraco negro no conhecimento científico de nosso tempo, um domínio virgem, um desconhecido.

A permanência de tal ignorância no estágio de civilização a que chegamos deve ter algum motivo obscuro. Alguma coisa permanece escondida no inconsciente, algo que os preconceitos bem arraigados e difíceis de serem erradicados nos escondem. Mas, se vamos iniciar a exploração científica desse imenso campo obscuro que é o espírito humano, é necessário sobrepujarmos esses obstáculos!

Nós sabemos apenas que no psiquismo humano existe um enigma do qual ainda sequer temos idéia. Tomemos uma analogia: do Pólo Sul, nós apenas sabíamos da existência de imensas extensões geladas. Ora, atualmente estamos engajados na exploração da Antártica e descobrimos um continente escondido cheio de maravilhas e riquezas. Para isso, foi necessário vencer o obstáculo da espessura do gelo que o cobre, e isso num clima bastante rigoroso, bem diferente do nosso. É preciso fazer o mesmo, se o podemos afirmar, para a exploração desse pólo da vida humana que é a infância.

O homem, em seus diferentes estágios de desenvolvimento — infância, adolescência, idade adulta — tem raízes nisso que ainda é para nós um mistério e que julgamos a partir de aparências mutantes. Nossos esforços para ajudar o ser humano a alcançar essas diferentes etapas ainda são empíricas, superficiais. Como cultivadores ignorantes, nós julgamos pela aparência, sobre os efeitos, sem nos preocuparmos com as causas que as produzem. De forma bastante justa, Froëbel chamou de "jardim de infância" as escolas para os pequenos de quatro e cinco anos. Poderíamos usar essa expressão para todas as escolas, especialmente as melhores, aquelas onde há a busca séria do bem e da felicidade das crianças; poderíamos chamá-las de "jardins" para distingui-las das escolas em que reina ainda uma tirania cruel, porque nas escolas mais modernas e melhores, que representam o ideal froëbeliano, os educadores se comportam como os bons jardineiros a cuidar de suas plantas.

Mas, por trás do bom jardineiro, do bom cultivador, esconde-se o cientista. O cientista escrutina os segredos da natureza, conquista e acessa, por suas descobertas, um conhecimento aprofundado que lhe permite não apenas ter um bom julgamento, mas também transformar a natureza. O cultivador moderno, que multiplica as variedades de flores e de frutos ou que melhora as florestas, modificando a face da Terra, segue princípios técnicos que vêm da ciência e não de hábitos. É por esta razão que podemos admirar essas flores maravilhosas de fantástica beleza, esses cravos de tantas cores, essas orquídeas soberbas, essas rosas gigantescas, perfumadas e sem espinhos, essas frutas tão numerosas e todos esses produtos que mudaram a face da Terra. Tudo isso resulta do trabalho do botânico que estuda cientificamente as plantas. É a ciência que fez nascer as novas tecnologias. São os cientistas que deram impulso para a criação de uma verdadeira super-natureza, fantasticamente mais rica e mais bela do que o que chamamos atualmente de natureza selvagem.

O estudo do homem

Se a ciência começasse a estudar os homens, não só conseguiria propor novas técnicas para a educação das crianças e dos jovens mas ainda permitiria uma nova e aprofundada compreensão de inúmeros fatos humanos e sociais que ainda nos são obscuros e nos amedrontam.

A reforma da educação e da sociedade de que necessitamos atualmente deve se fundamentar no estudo científico do homem, esse desconhecido.

Mas, como eu dizia, um enorme obstáculo se opõe a esse estudo, a saber, os preconceitos acumulados durante milhares de anos, solidificados como imensas placas de gelo, quase inacessíveis. É porque nos falta empreender uma exploração corajosa, uma luta contra elementos hostis, para os quais as armas habituais da ciência — a observação e a experimentação — não são suficientes.

Todo um movimento intelectual, lançado no início deste século, se envolveu nessa via de estudo do espírito do homem, da psicologia. A descoberta do subconsciente fecundou. Iniciou-se pelo estudo das doenças mentais; depois, houve interesse pelos adultos normais. Mais recentemente, os estudiosos começaram a interessar-se pela psicologia infantil.

Essas pesquisas concluem que praticamente todos os homens sofrem de perturbações, e as estatísticas nos revelam, de forma indiscutível, que há mais e mais loucos e criminosos, que o número de crianças difíceis cresce e que o fenômeno da delinqüência juvenil se agrava. Pode-se imaginar os prejuízos que são gerados para a humanidade. A situação social engendrada pela nossa civilização evidencia o obstáculo ao desenvolvimento normal do homem. Ainda não se elaborou para o espírito um sistema de defesa análogo ao que é a higiene para o corpo. Hoje, que se controlam e se utilizam as riquezas e energias da Terra, ainda não se leva em conta essa energia suprema que é a inteligência do homem. Portanto, o psiquismo do homem, abandonado aos caprichos das circunstâncias exteriores, se põe a destruir o que ele mesmo edificou.

Para um movimento universal de reforma só se pode conceber um único objetivo: ajudar o homem e preservar seu equilíbrio, sua normalidade psíquica, e lhe permitir encontrar suas referências no mundo exterior tal como este se apresenta atualmente. Esse movimento não deve se limitar a um país ou a um partido político. Porque o objetivo de nossas preocupações é o próprio homem, para além de qualquer distinção de nação ou política.

É evidente que tal movimento não pode contentar-se com conceitos da velha escola onde se continua a ensinar como nas épocas passadas, totalmente diferentes da nossa.

A educação se torna uma questão humana e social de importância universal. Ela deve basear-se na psicologia para proteger a individualidade e levar a compreender a nossa civilização. É nossa personalidade humana, protegida contra as desordens devidas ao acaso das circunstâncias, que vai permitir tomar consciência de nossa situação real na história. A cultura atual certamente não é orientada por um currículo ou um programa arbitrário, mas nos é necessária uma espécie de currículo que nos permita compreender a situação do homem na sociedade atual e nos proponha uma visão cósmica da história da evolução da humanidade. Para que pode servir a cultura se ela não ajuda o homem a conhecer o ambiente ao qual deve se adaptar?

Finalmente, os problemas da educação devem ser resolvidos de acordo com leis de ordem cósmica, leis que vão desde as que regem a edificação psíquica da personalidade humana até aquelas mutáveis que guiam a sociedade nas vias de sua evolução terrestre.

É fundamental respeitar as leis cósmicas. É unicamente em função delas que se pode julgar e modificar as múltiplas leis humanas que se referem ao momento passageiro da estruturação social.

A questão social de nossa época

Atualmente é lugar comum afirmar que existe um desequilíbrio entre o progresso miraculoso do ambiente e a estagnação do desenvolvimento do homem, o que quer dizer que o homem deve travar uma batalha rude para se adaptar a seu ambiente e que esta luta o faz sofrer e o destrói. Poderíamos comparar as forças do progresso material às armadas de um povo poderoso que invadiu e submeteu um povo fraco. E, como no caso nas guerras bárbaras, a submissão se torna subserviência.

Hoje a humanidade se tornou escrava de seu próprio ambiente porque, em relação ele, ela se tornou frágil.

A servidão cresce rapidamente e toma formas diferentes daquelas do passado, após as guerras, nos povos vencidos. Jamais a incapacidade humana atingiu as formas extremas às quais chegou atualmente.

Não vêem que não há nada de mais certo? As riquezas não podem nos salvar. O dinheiro que confiamos aos bancos pode ser confiscado a qualquer momento. Se o escondemos como na Idade Média, enterrando-o num baú, podemos ficar sem coisa alguma, porque o dinheiro pode de repente perder todo o seu valor, ser retirado de circulação. O dinheiro que possuímos num país pode não ser transferível para outro. As autoridades podem impedir uma pessoa, mesmo rica, de ir a outro país, interditando-a de cruzar as fronteiras com seu dinheiro e suas jóias; se ela passa adiante pode ser revistada e espoliada na fronteira como se a propriedade fosse um roubo. Podemos viajar com um passaporte, mas ele representa, para seu portador, apenas uma fonte de dificuldades e nada mais, e não como no passado, uma garantia. Em nossa própria pátria, devemos circular com uma carteira de identidade, com nossa foto e nossa digital, o que, antes, não era o caso mesmo para os criminosos. Acontece que só se pode comprar o estritamente necessário para sobreviver sob a condição de que tenhamos essa carteira, sem o que não poderíamos sequer comprar o pão; antigamente, esse era o caso dos miseráveis que viviam da caridade. Ninguém pode estar seguro de ficar com vida: uma guerra absurda pode acontecer, na qual todos, tanto os jovens como os velhos, tanto mulheres como crianças, estarão em perigo de morte. As casas podem ser bombardeadas e as pessoas obrigadas a se refugiarem nos subterrâneos, como os primitivos que se enfurnavam em cavernas para se protegerem das bestas ferozes. A alimentação pode se tornar rara e milhões de homens podem morrer de fome e de epidemias. E eis os homens maltrapilhos e nus, morrendo de frio nas intempéries, as famílias divididas e desfeitas, as crianças abandonadas se reagrupando em bandos como os selvagens.

Tudo isso pode acontecer, não somente aos vencidos de uma guerra, mas a todo o mundo. É a própria humanidade que é vencida e reduzida à servidão. Escravos, sim! Vencedores como vencidos, os homens são todos escravos, inseguros, assustados, no desespero da dúvida e na hostilidade, coagidos a se defenderem contra a espionagem e a pilhagem, adotando a imoralidade como um meio de se defender e a reforçando. A fraude e o roubo tomam novos aspectos, representando um modo de sobrevivência onde as restrições remetem ao absurdo. A covardia, a prostituição e a violência se tornam formas habituais da existência. Os valores espirituais e intelectuais, que os homens honravam anteriormente, se perdem. Os estudos são desagradáveis, penosos, sem perspectiva à vista: têm por único objetivo permitir que os alunos encontrem um trabalho que, no entanto, não é garantido e não oferece segurança alguma.

É impressionante ver que essa humanidade, submetida a uma escravidão sem nome, proclama, como um bordão estereotipado, que ela é livre, independente. Essa população miserável pretende ser um povo soberano! Que procuram estes infelizes? Eles procuram como seu bem supremo o que chamam de "democracia", quer dizer, o direito para o povo de dar sua opinião sobre a forma como é governado, de votar nas eleições.

Mas essas eleições, o que são senão uma zombaria? Escolher quem governa? Mas os governantes não podem libertar ninguém dos elos que todos trazemos e que nos retiram qualquer possibilidade de ação, de iniciativa e de salvação!

O verdadeiro senhor é misterioso. É um tirano, todo poderoso como um deus. É o ambiente que limita o homem e o oprime.

Outro dia, um jovem padeiro que trabalhava numa grande máquina de fabricar o pão teve a mão presa nas engrenagens; então elas puxaram todo o seu corpo e o trituraram. Não é essa uma imagem da situação em que se encontra a humanidade, inconsciente e vítima de seu destino? Nosso ambiente se parece com essa máquina possante, capaz de produzir enormes quantidades de alimentos, enquanto o operário massacrado representa a humanidade imprudente, não preparada ainda para assumir suas responsabilidades e que se permite ser apanhada e massacrada pelo que deveria dar-lhe abundância. Aí está um aspecto do desequilíbrio entre o homem e o ambiente de que a humanidade precisa libertar-se fortalecendo-se, desenvolvendo seus valores, protegendo-se de sua loucura e tomando consciência de suas próprias capacidades.

É necessário que o homem reúna todos os seus valores vitais e suas energias para se desenvolver e preparar sua libertação. Não é mais o momento de lutarem uns contra os outros, de tentarem se afundar mutuamente; é importante que o homem tenha por único objetivo elevar-se, libertar-se dos laços inúteis que estão sendo criados e que o lançam para o abismo da demência. O inimigo é a incapacidade do homem diante do que ele mesmo produz, é o estacionamento do desenvolvimento da humanidade. Para vencê-lo, seria suficiente que o homem reagisse e que, melhor preparado, se comportasse diferentemente em relação ao ambiente, que tomado em si mesmo é apenas um multiplicador de riquezas, um gerador de bem-estar.

Trata-se aí de uma revolução universal, que precisa de uma única coisa: que o homem se eleve ao nível de seus valores e que se torne senhor, e não mais vítima do ambiente que ele mesmo criou.

A tarefa da nova educação

Pode parecer que nos afastamos de nosso objetivo inicial, a educação. Mas essa divagação nos abriu novas pistas que agora precisam ser exploradas.

É necessário, hoje, ajudar a humanidade a se salvar, do mesmo modo como ajudaríamos um doente hospitalizado a restabelecer-se para continuar a viver. Nós devemos ser os enfermeiros desse vasto hospital que é o mundo.

Temos de estar conscientes de que o problema não se limita às escolas tais como são concebidas atualmente, e não reside na questão de métodos de educação, mais ou menos práticos, mais ou menos filosóficos.

Ou a educação contribuirá para um movimento de libertação universal, indicando como defender e elevar a humanidade, ou ela se atrofiará, como acontece com um órgão que se torna inútil no percurso evolutivo de uma espécie.

Como dizíamos, existe atualmente um movimento científico bem recente cujos resultados, certamente ainda parciais e sem coerência, não deixarão de se harmonizar e de se unificar no futuro.

Esse movimento não se situa propriamente no domínio da educação, mas muito mais no da psicologia. E nessa disciplina não encontramos uma preocupação pedagógica — conhecer o homem para educá-lo —, mas uma preocupação de trazer remédio às perturbações e sofrimentos psíquicos dos homens, especialmente dos adultos. Por isso, essa psicologia nova nasceu no campo da medicina, e não no da educação. Essa psicologia da humanidade sofredora se interessa igualmente pelas crianças perturbadas e infelizes, cujas energias vitais foram reprimidas e desviadas da normalidade.

Em todo caso, esse movimento científico se desenvolve com o objetivo de impor uma barreira ao mal que se espalha e trazer algum remédio aos espíritos perturbados e desorientados. E é por esse movimento que a educação deve se interessar.

Creiam-me, as tentativas da educação dita moderna, que procura simplesmente liberar as crianças de supostas opressões, não seguem um bom caminho. Não basta permitir que os alunos façam tudo o que querem, diverti-los com ocupações frívolas, fazê-los retornar quase ao estado selvagem. Não se trata de "liberar" as crianças de alguns laços. Trata-se de reconstruir, e essa reconstrução requer a elaboração de uma "ciência do espírito humano", a qual necessita de um trabalho paciente, um trabalho de pesquisa para o qual devem contribuir milhares de pessoas consagradas exclusivamente a esse objetivo.

Aquele que trabalha nessa reconstrução deve estar estimulado por um grande ideal, mais elevado que o de todos os movimentos políticos que prometeram melhorias sociais, tendo como objetivo a vida material de um grupo de homens oprimidos pela injustiça e pela miséria.

Esse ideal é universal: é a libertação de toda a humanidade e a revalorização do homem, objetivo que necessita de uma imensa soma de trabalho paciente.

Vejam, nas outras ciências, quantos biólogos trabalham fechados em seus laboratórios, observando células no microscópio para descobrir as maravilhas da vida, quantos químicos testam as reações para descobrirem os segredos da matéria, quantos físicos tentam isolar as energias cósmicas para captá-las e utilizá-las! De maneira desinteressada, esses inumeráveis trabalhadores devotados fazem, hoje, a civilização progredir.

É preciso, então, empreender alguma coisa desse gênero para o homem. Mas o ideal, o objetivo a que devemos nos propor deve ser comum a todos. É preciso chegar a realizar o eu que é dito sobre o homem numa prece latina: "Specie tua et pulchritudine tua intende, prospere, procede et regna", o que podemos parafrasear assim: "Compreende-te a ti mesmo e à tua beleza; então prosperarás em teu ambiente, rico e cheio milagres, e reinarás sobre ele".

Mas dirão: "Tudo isso é bem bonito, mas não se vê que, enquanto isso, as crianças se desenvolvem, os jovens se tornam adultos? Não se pode esperar os resultados desses trabalhos científicos, porque durante esse tempo a humanidade vai se destruir!".

De minha parte, eu responderia que não é necessário que esses trabalhos de pesquisa sejam concluídos. Basta estabelecer a linha diretriz e avançar de acordo com suas indicações.

Para o momento, uma coisa já está clara: a pedagogia não deve ser guiada, como no passado, pelas idéias emitidas pelos filósofos, filantropos, pessoas unicamente inspiradas pela piedade, a simpatia ou a caridade. A pedagogia deve tomar como guia a psicologia, a psicologia aplicada à educação, à qual é conveniente dar um nome distinto: *psicopedagogia*.

Nessa disciplina, dever-se-iam ver rapidamente numerosas descobertas. Não há dúvida que, na medida em que o homem ainda é ignorante e reprimido, sua libertação vital não vai deixar de trazer revelações estupefacientes. É baseando-se nessas revelações que a educação deverá avançar, assim como a medicina comum se baseia na "vis medicatrix naturae", quer dizer, sobre as forças curativas que estão a serviço na natureza, e que a higiene se baseia sobre os conhecimentos da fisiologia, ou seja, das funções naturais do corpo.

Ajudar a vida, eis o primeiro princípio fundamental.

Então quem, atualmente, pode revelar os caminhos normais que o crescimento psíquico humano empreende, a não ser a própria criança colocada em condições adequadas? Nosso primeiro mestre será, então, a própria criança, ou, mais ainda, o impulso vital e as leis cósmicas que a conduzem inconscientemente; não o que chamamos de "a vontade da criança", mas a vontade misteriosa que dirige sua formação.

Posso afirmar que as revelações da criança não são absolutamente difíceis de obter. A verdadeira dificuldade reside nos velhos preconceitos do adulto em relação à criança, na incompreensão e nos obstáculos que uma forma arbitrária de educação, baseada no raciocínio humano e mais ainda sobre o egoísmo inconsciente do adulto e sobre seu orgulho, vieram interpor-se para dissimular os valores da sábia natureza.

Nossa contribuição — tão pequena, tão incompleta, tão insignificante que possa ser considerada pela psicologia científica — servirá pelo menos para ilustrar o enorme obstáculo constituído pelos preconceitos, que podem anular e destruir as abordagens de nossa experiência isolada.

Se conseguirmos apenas provar a existência desses preconceitos, já teremos trazido uma contribuição de importância geral.

1 | A revelação da ordem natural nas crianças e seus obstáculos

As revelações e seus obstáculos

Lembremos bem como começou a minha pesquisa. Há uns quarenta anos, um grupo de crianças de quatro anos revelou um fenômeno inesperado que causou espanto. Nós o chamamos de "explosão da escrita": espontaneamente, algumas crianças começaram a escrever; depois, outras rapidamente as seguiram e o fenômeno se propagou a quase a totalidade do grupo. Foi uma verdadeira explosão de atividade e de entusiasmo. Com seus gritos de alegria, esses pequeninos carregavam o alfabeto numa espécie de procissão triunfal. Eles não se cansavam de escrever. Cobriam o solo e as paredes com suas escritas irrepreensíveis.

Seus progressos foram espetaculares, fantásticos. Pouco depois, eles se puseram a ler por si mesmos, em caracteres cursivos ou de imprensa, com letras minúsculas ou maiúsculas, em caracteres artísticos e até mesmo góticos.

Reflitamos um instante nessa revelação. Pela evidência se tratava de uma revelação de ordem psicológica de uma importância tal que atraiu a atenção do mundo todo. Não seria uma espécie de milagre?

E no entanto, quais foram, à época, as reações, especialmente as dos cientistas?

Esse milagre da escrita não foi atribuído a uma realidade de ordem psíquica, mas a "um método de educação", como se a escrita nada tivesse a ver com a natureza.

Em geral, a escrita é o fruto de uma longa aprendizagem ingrata realizada na escola, que deixa a lembrança de esforços árduos, dificuldades superadas, punições sofridas, tormentos. Um método que conseguia obter resultados brilhantes numa idade precoce não deveria ser maravilhoso? Criou-se então uma intensa curiosidade em torno do método educativo que provava ter encontrado um meio de vencer rapidamente o analfabetismo, que ainda subsiste nas regiões mais civilizadas.

Aos professores das universidades americanas, que vieram pessoalmente estudar esse método, eu não tinha nenhum outro material a mostrar além das letras do alfabeto, cada uma no formato de um objeto de certa dimensão, manuseável e, portanto, móvel.

Alguns desses universitários se ofenderam, crendo que eu zombava deles, que eu ofendia suas dignidades. Nas altas esferas, começaram a dizer que isso não era sério, que falar de milagre era uma mistificação. Além disso, pelo fato de eu, no lugar de livros comuns, utilizar "objetos" que podiam ser comercializados, tiveram medo de favorecer uma operação mercantil. Uma espécie de amor-próprio desviava a atenção das personalidades dessa manifestação que estava, no entanto, ligada a uma ordem psíquica desconhecida. Foi assim que surgiu um obstáculo, uma *barreira intransponível entre essa experiência clarificante e as altas esferas culturais*, quer dizer, as personalidades que, exatamente por conta de sua sua cultura superior, poderiam tê-lo entendido e colocado a seu proveito.

Vejamos um outro tipo de preconceito.

Esses pequeninos, que escreviam sem se cansarem, constituíam uma realidade que centenas e milhares de pessoas podiam constatar. Algumas pessoas se convenceram de que as letras do alfabeto eram simplesmente dispostas uma ao lado das outras e que nenhum mestre se propunha a ensinar as crianças a escrever. Pela evidência, estas progrediam por si mesmas. Era então fácil de compreender que todo o segredo consistia em ter transformado cada letra do alfabeto num objeto distinto e manipulável. Muitos lamentavam: "Como essa descoberta genial é simples! Como eu nunca pensei nisso?". Outros, pelo contrário, diziam que de fato não se tratava de uma descoberta. Quintiliano já não havia, na Antigüidade, utilizado o alfabeto móvel desta forma? Se minha intenção fora passar por um inventor de gênio, eu teria sido desmascarada.

É de espantar a preguiça mental geral que conduziu as pessoas a se fecharem para os objetos materiais e a se privarem, se podemos dizer, da possibilidade de ir além e de refletir sobre um fato psíquico novo concernente à criança, por conta de uma verdadeira barreira mental comum a todos, tanto letrados como pessoas pouco cultas.

Era, no entanto, simples fazer o seguinte raciocínio: se a história se lembrava do alfabeto móvel de Quintiliano, não teria se esquecido das reações que ele teria provocado. Houve então procissões de pessoas entusiastas, dançando de alegria e percorrendo as ruas de Roma carregando flâmulas com letras do alfabeto? A população aprendeu sozinha a ler, como por mágica, e cobriu com seus escritos os muros das casas e das ruas de Roma? As pessoas aprenderam a ler sozinhas, tanto a escrita romana como a grega?

A história não se teria esquecido de registrar esses fatos grandiosos, se tivessem acontecido. Ora, ela reteve apenas as letras móveis. Logo, não são as letras em si que têm uma influência mágica. A mágica não está nas letras, mas no psiquismo das crianças. No entanto, ninguém quis admitir. O preconceito de *não crer no extraordinário*. Nos que prezam por sua dignidade e fingem uma superioridade cultural, o medo de passar por crédulos é habitual: é um dos obstáculos à difusão das "novidades" e à utilização das descobertas.

Uma verdadeira descoberta contém, forçosamente, uma novidade. E toda novidade constitui uma porta que dá, a quem ousa transpô-la, acesso a domínios ainda inexplorados. É, então, uma porta fantástica, maravilhosa, que deveria tocar a imaginação. E, logicamente, não seria o papel dos homens cultos serem os exploradores desses novos domínios? Mas as pessoas sérias, que perderam o senso dos "contos de fada" da natureza, ficam impedidas por uma barreira mental formidável, afetiva, e é raro encontrar uma exceção a essa regra. A famosa parábola evangélica dos convidados ao banquete exprime simbolicamente este fato eterno: é preciso um certo grau de "simplicidade", de "pobreza" para entrar nos novos reinos.

Nós poderíamos ilustrar essa verdade através da história dos "milagres" dos cavalos de Elberfeld,[1] que conseguiam exprimir-se por meio de um alfabeto e a fazer cálculos. O público afluía, personalidades científicas assim como pessoas comuns. Mas eis que o Doutor Pfungst, aluno do laboratório de psicologia de Berlim, dá sua opinião; de acordo com ele, essas experiências com cavalos resultam de um adestramento, e nada têm a ver com uma suposta inteligência dos animais. Imediatamente, o interesse suscitado pela experiência desaparece e os cientistas que haviam manifestado seu interesse retomam seus estudos. Von Osten, que havia conduzido essas experiências com seus amados cavalos, morreu humilhado. No entanto, após sua morte, um jovem cientista, Kroll, iria retomar as mesmas experiências, com os cavalos de Von Osten e outros, conduzindo-os a ainda muito mais na via dos "milagres psíquicos", especialmente o cálculo. Então, muitos cientistas tiveram a coragem de os reconhecer e, mesmo não compreendendo bem o fenômeno, admiti-los no campo da psicologia. Isso foi notadamente o caso de Kraemer, de Ziegler de Stoccarda, do Professor Beredka do Instituto Pasteur, do Doutor Claparède da Universidade de Genebra, de Freudenberg de Bruxelas e de muitos outros.

Mas é importante observar que se tratava de cavalos. No que se refere a crianças, há muitos preconceitos acumulados e muitos interesses em jogo. Falo especificamente da proteção das crianças contra os *esforços mentais* e os *trabalhos intelectuais precoces*. As crianças são para todas as pessoas seres virgens, vazios, aos quais

---

1   Em 1912, publicaram, no *Annales des Sciences Psychiques*, resultados das experiências realizadas, em Elberfeld, Alemanha, com os cavalos Nuhamed e Zarif. Esses inteligentes animais — informa Gabriel Delanne —, por meio de um alfabeto convencional, podiam executar cálculos complicados, indo mesmo até a extração de raízes quadradas e cúbicas — NT.

convêm apenas os jogos, o Sol e o passatempo dos contos fantásticos. Querer impor um trabalho mental sério a essas crianças, tão frágeis, é como um sacrilégio. Essa atitude ainda foi reforçada pelas publicações insistentes da Sra. Bühler. Esposa do famoso psicólogo vienense, ela mesma se interessando pela psicologia experimental e se fazendo autoridade nisso, a Sra. Bühler chegou à conclusão de que as faculdades mentais das crianças, antes dos cinco anos, estão absolutamente fechadas a toda forma de cultura. É assim que, em nome da ciência, condenaram minhas experiências e colocaram sobre elas uma espécie de pedra tumular.

Elas foram atribuídas unicamente a um "método de educação", então julgado incerto e discutível. Então, a onda de críticas começou a se precipitar. Disseram que, sobretudo, não se deveria "sacrificar a vida mental dos pequeninos para obter resultados inúteis", porque, logo depois, passada a idade de seis anos, todos podem aprender a ler e a escrever com menos esforços e sacrifícios. Seria necessário, portanto, de acordo com essas autoridades estabelecidas, afastar da primeira infância o trabalho penoso do estudo! Claparède, alta figura no domínio da pedagogia, descreveu, para a New Education Fellowship, os males que os estudos na escola fariam às crianças: "É verdade", disse mais ou menos Claparède, "que estudar é uma necessidade de nossa civilização, mas já que os estudos provocam perturbações nas crianças pequenas, é necessário minimizar os prejuízos que lhes infligimos". É por isso que as novas escolas procuram eliminar de seus programas muitas das matérias julgadas não necessárias, como a geometria, a gramática, o essencial de matemática, etc., substituindo-as por jogos e vida ao ar livre.

O próprio mundo oficial da educação se distanciou de meus trabalhos. Quanto aos mestres que aprenderam nossos métodos, em geral eram pessoas que consagraram suas vidas à educação nos jardins de infância froëbelianos. Eles começaram a usar nosso material científico de desenvolvimento mental juntamente com os jogos de Froëbel. E se concluiu que era bom, com a condição de que não se introduzisse nas primeiras idades nem o alfabeto, nem a escrita, nem o cálculo. A seguir, professores de classes fundamentais tentaram utilizar o alfabeto, mas não conseguiram provocar qualquer entusiasmo, qualquer "explosão". Nas escolas comuns, contentaram-se com introduzir uma forma mais livre e de dar ocupações individuais e objetivas.

O caso do "milagre" foi oficialmente encerrado. Ele não conquistou o interesse da psicologia moderna. Então, efetuei a pesquisa necessária sobre os segredos da psicologia infantil através dessa experiência, pois ninguém melhor do que eu poderia *isolar* esses fatos reais das influências educativas que os haviam provocado. Era evidente para mim que uma *energia*, uma dinâmica particular às crianças desta idade se havia manifestado e, portanto, existia.

Mesmo que a experiência fosse limitada a esse primeiro grupo de crianças, ela representava a descoberta, no psiquismo das crianças, de capacidades até então escondidas.

Imaginemos as primeiras experiências de Galvani, que viu os músculos de pererecas mortas se contraírem e se contorcerem, presas no parapeito de ferro de sua janela: isso não parecia uma espécie de milagre, ou de extravagância? Se ele tivesse pensado que se tratava de um "milagre da ressurreição" ou de uma ilusão de óptica, teria se perdido aquele momento de necessidade de sua inteligência, de compreender através da pesquisa.

De fato, ele pensou que, se as pererecas mortas se mexiam, ali deveria haver uma *energia* que as fazia mexerem-se, e foi assim que ele descobriu a eletricidade, cujas conseqüências e aplicações levaram a bem mais longe do fenômeno revelador inicial.

No entanto, se alguém quisesse repetir a experiência de Galvani para prová-la, provavelmente não conseguiria o "milagre" e acreditaria ter a prova de se tratar de uma ilusão, indigna de entrar para o domínio da ciência.

As revelações anteriores

Nossas crianças não foram as primeiras a revelar esses dinamismos psíquicos que permanecem em geral escondidos, mas foram as mais novas: as revelações precedentes aconteceram nitidamente com crianças mais velhas, com mais de sete anos. A história da pedagogia nos lembra, por exemplo, os "milagres" da escola de Stans conduzida por Pestalozzi. De repente, criou-se, para esses jovens escolares, uma espécie de clima imprevisto de progresso. Essas crianças estavam adiantadas em relação a suas idades para algumas atividades. Algumas fizeram tais progressos nas matemáticas que seus pais as retiraram da escola de Pestalozzi com medo de que elas se cansassem mentalmente. Ele mesmo, descrevendo o trabalho espontâneo e infatigável das crianças, seguido de progressos prodigiosos, confessou de maneira eloquente que era "estranho" a esses fenômenos maravilhosos: "Eu era apenas um espectador admirado".

A seguir a chama se apagou e, sob os cuidados criteriosos e atentos de Pestalozzi, a situação voltou ao normal. Assim sendo, é interessante saber o que pensavam seus admiradores e especialmente os suíços que se orgulhavam dele. Todos consideraram o fenômeno de Stans como um período de loucura de seu herói e ficaram felizes por ele voltar a um "trabalho sério".

Assim a pedagogia oficial triunfava, enterrando uma revelação de ordem psíquica.

O próprio Tolstói descreveu algo semelhante entre as crianças do campo que ele educava com tanto entusiasmo e afeição em sua escola de Iasnaia Poliana. De repente, essas crianças se apaixonaram pela leitura da Bíblia. Chegavam à escola mais cedo pela manhã para lerem sozinhos e infatigavelmente, testemunhando uma alegria jamais manifestada antes. E também Tolstói assistiu a um "retorno à normalidade".

Muitos outros fatos semelhantes certamente aconteceram com crianças novas, mas não os conhecemos porque não houve testemunho que os imortalizasse na história da pedagogia!

A forma mental da infância

Trata-se, portanto, de uma energia, de uma dinâmica interior que tende por si mesma a se manifestar, mas permanece escondida porque é bloqueada pelos preconceitos universais. É uma *forma mental* própria da infância que jamais foi reconhecida.

Foi bem uma *forma mental* e não apenas um fenômeno explosivo de escrita que se revelou entre as crianças de minha primeira escola de San Lorenzo.

Acontecia que, sob meu ditado, elas reproduziam foneticamente, com o alfabeto móvel, palavras muito longas, oriundas muitas vezes de uma língua estrangeira, que haviam ouvido apenas uma vez. Todos os que leram meus livros conhecem esses fenômenos. Nós ditamos, por exemplo, palavras como "Darmstadt", "Sangiaccato di Novi Bazar", "precipitevolissimevolmente", etc.

O que poderia fixar tão bem essas palavras complicadas nos espíritos das crianças, de forma tão perfeita que elas pareciam retê-las de maneira segura, como se estivessem gravadas nelas? O mais extraordinário era a sua calma e sua simplicidade; era como se não fizessem qualquer esforço. E é preciso ressaltar que elas não escreviam as palavras, mas que deviam procurar as letras uma a uma nos diferentes compartimentos onde estavam classificadas. Todo esse trabalho difícil de encontrar o lugar onde estava a letra procurada, pegar esse pequeno objeto e colocá-lo na seqüência dos outros já dispostos a fim de completar a palavra não teria desviado a atenção de qualquer um de nós?

Esse fato extraordinário surpreende particularmente os praticantes da educação tradicional, porque eles sabem a que ponto o ditado é difícil nas escolas fundamentais; sabem quantas vezes uma boa professora deve repetir uma palavra para que as crianças a escrevam, mesmo quando já têm oito anos ou mais. O motivo, por outro lado, é simples: enquanto a criança escreve, ela esquece. Por esse fato, o ditado, no início, é apenas praticado com palavras curtas e conhecidas.

Para ilustrar este ponto, permitam-me lembrá-los de um fato que ficou célebre: um inspetor, Sr. Di Donato, veio visitar nossa escola. Ele chegou com o ar severo de quem está habituado a desmascarar possíveis mistificações. Ele se nega a ditar palavras longas e difíceis, que poderiam esconder algum truque. E ei-lo que apenas pronunciou seu nome, "Di Donato", para uma criança de quatro anos. Imediatamente, esta não compreendeu bem a pronúncia, tendo entendido "Ditonato", e pôs um *t* como a terceira letra. O inspetor, fiel a seus métodos educativos, sugeriu uma correção repetindo claramente seu nome: "Di Donato". A criança não se incomodou. Para ela, não havia nem erro nem correção: simplesmente não ouviu bem da primeira vez. Retira então o *t* e, em vez de recolocá-lo na caixa, deixa-o de lado, sobre a mesa. Continua tranqüilamente a compor o nome e, chegando à penúltima letra, retoma o *t* que havia colocado à parte. Dessa forma o nome estava totalmente grafado em sua memória e a interrupção não lhe causara qualquer dificuldade. Ela sabia desde o início que um *t* era necessário no final do nome. Foi isso que mais impressionou nosso inspetor. "O erro foi a previsão mais eloqüente da verdade", declarou. "Advirto que eu não acreditava nesse fato surpreendente, mas agora estou convencido e devo dizer: incrível, mas verdadeiro". A seguir, sem pensar em parabenizar criança, como pensara em corrigi-la, dirigiu-se a mim: "Eu a felicito! É verdadeiramente um método admirável. É preciso usá-lo nas escolas".

Para um técnico da educação, não poderia haver senão *métodos* mais ou menos bons. A realidade psicológica que se revelava lhe permanecia estranha. A barreira dos preconceitos desse educador impossibilitava sua compreensão do fenômeno, tido como impossível. Na hora de partir, declarou: "Com os métodos correntes, mesmo uma criança de nove anos não teria conseguido fazer a mesma coisa", cumprimento que dirigia a mim.

Tratava-se de um fenômeno de memorização. Mas, para ele, a existência de uma forma de memória diferente daquela das crianças mais velhas era inconcebível. Uma criança mais nova deveria ter uma capacidade de memorização mais fraca do que a de uma criança cinco anos mais velha!

Mas o que se passava, então, na memória dessa pequena criança? Evidente, em sua cabeça, a palavra estava gravada, em ordem e com todos os detalhes sonoros que a compunham. A palavra estava gravada e inteira em seu espírito, nada podendo apagá-la. Essa memória tinha uma qualidade diferente; gravara em seu espírito uma espécie de visão clara e fixa que a criança havia copiado com segurança.

A Mneme

Pode-se então ter uma memória diferente dessa de nosso espírito consciente e desenvolvido?

Atualmente, os psicólogos modernos pensam que de fato existe, no inconsciente, uma outra forma de memória que pode fixar-se através das gerações, reproduzindo, minuciosamente, as características da espécie. Deram-lhe um nome particular: a *Mneme*. A Mneme, em suas infinitas gradações, mescla-se na realidade da vida no infinito do tempo passado. A partir dessa constatação se poderia reconhecer no espírito da criança de quatro anos uma fase do desenvolvimento psíquico durante a qual a Mneme permanece exatamente no limiar de sua memória consciente, até quase confundir-se com ela, sendo, no entanto, uma manifestação de um fenômeno profundamente enraizado.

Estes traços últimos da Mneme vêm de longo tempo e estão atrelados às forças criativas da linguagem. A língua materna já se formou no inconsciente, por diferentes processos do espírito consciente. É a língua que está inscrita na personalidade. Ela constitui uma característica pátria e é diferente das línguas estrangeiras, que o indivíduo só pode adquirir graças a sua memória consciente e que, para ele, serão sempre línguas imperfeitas, não podendo ser mantidas senão por um uso permanente.

Está claro, em nossa experiência, que as letras móveis representavam para a criança um objeto com sons fixos em seu espírito, e permitiam exteriorizar de forma tangível sua linguagem no mundo exterior. O interesse pela escrita demonstrado pelas crianças provinha do interior; era ainda sinal de uma sensibilidade criativa, como a destinada pela natureza de fixar a língua falada. Era essa sensibilidade que suscitava o entusiasmo pelo alfabeto.

O alfabeto italiano refere-se a apenas vinte e um sons e, nessa língua, todas as palavras, tão numerosas que não podem caber num dicionário volumoso, podem ser compostas com vinte e uma letras. Este alfabeto bastava para compor todo o patrimônio de palavras que a criança acumulara durante seu desenvolvimento; era suficiente para fazer explodir para o exterior, de maneira inesperada, toda a linguagem acumulada. Quanto à criança, ela vivia seu milagre com alegria.

A *autodisciplina*

Examinemos um outro conjunto de preconceitos que constituíram um grande obstáculo à compreensão de nosso trabalho.

Lembremo-nos das perguntas concernentes à *autodisciplina*, do fenômeno surpreendente desses pequeninos que, deixados livres para escolherem suas atividades, de seguirem seus exercícios sem serem perturbados, tornavam-se sábios e silenciosos.

Eles eram capazes de permanecer assim quase todo o tempo, mesmo quando a mestra estava ausente. Essa conduta coletiva harmoniosa e a qualidade do comportamento deles, livre de ciúme e de espírito de competição, ao contrário, carregado de ajuda mútua, suscitou admiração. Eles *amam o silêncio* e a busca como um verdadeiro prazer.

Sua obediência se desenvolvia por etapas, cada vez mais perfeita até uma "obediência com prazer". Eles eram, eu diria, impacientes por obedecer, como o cão cujo dono joga longe um objeto para que ele vá buscá-lo.

Esse estranho fenômeno não resultava da ação da mestra. Não era a conseqüência direta da educação, não era o resultado de um ensinamento, de exortações, de recompensas ou de punições: tudo era espontâneo.

Esses fatos inabituais deviam ter uma causa, deviam ser produto de alguma influência. A quem me indagava, na época, uma explicação, eu só podia responder uma coisa: "É a liberdade!", assim como para a explosão da escrita eu só pude responder: "É o alfabeto móvel!".

Lembro-me de um membro do governo que, sem refletir na espontaneidade desses comportamentos, me dissera: "Você resolveu um grande problema: unir disciplina e liberdade. E esse problema, muito mais que a direção das escolas, concerne ao governo das nações".

Evidentemente, nesse caso estava igualmente subentendido que era *eu* que tivera o poder de obter tais resultados. Eu havia resolvido um problema. Levando em conta os seus estados de espírito, as pessoas eram completamente incapazes de conceber a seguinte alternativa: "A solução de um problema insolúvel para nós, a síntese de elementos que nos pareciam contraditórios, pode vir das crianças".

Não seria mais justo dizer: "Estudemos, então, esses fenômenos! Trabalhemos juntos para penetrar os segredos do psiquismo humano!". Mas que no interior da alma da criança nós podemos descobrir alguma coisa nova e útil para todos, um esclarecimento interessante sobre as realidades obscuras da conduta humana, isso ninguém sequer o admitiu nem o compreendeu.

É interessante retornar sobre as opiniões e as críticas que vieram de toda parte, tanto de filósofos e pedagogos quanto de pessoas comuns.

Alguns desses últimos me atribuíam bondosamente uma espécie de inconsciência: "Você não percebe o que fez; você não se apercebeu de ter executado uma grande obra!". Outros, como se se tratasse de uma espécie de conto fantástico ou de um sonho que tiveram, me diziam: "Como você pode ser tão otimista sobre a natureza humana?".

Mas o ataque principal, o que jamais cessou, veio dos filósofos e dos pensadores religiosos: os fatos que tantas pessoas constataram, eles os atribuíam a opiniões que eu teria tido. Para alguns, eu era discípula de Rousseau; eu havia adotado sua doutrina e cria que "no homem tudo é bom, e que é no contato com a sociedade que tudo se estraga". Para eles eu havia criado, em minhas escolas, uma espécie de romance, exatamente como ele no *Emílio*.

No entanto, tão logo discutiam comigo, não me opunham qualquer objeção bem formulada, não eram convincentes. Uma personalidade conhecida chegou a escrever num jornal muito sério: "A Sra. Montessori é uma péssima filósofa".

Para os pensadores religiosos, eu quase ia ao encontro da fé e muitos evocavam o pecado original para me atacar. Vocês podem imaginar o que pensavam os calvinistas ou os protestantes em geral, eles que estão convencidos da maldade inata no homem!

Eu me mantinha atenta aos princípios filosóficos relativos à natureza da alma humana, e ainda aos preceitos técnicos da educação escolar. Falava-se de meu ensino como de um método preconcebido, que abolia as recompensas e punições e se propunha a obter a disciplina sem a ajuda dessas práticas. Eles o consideravam como que fundamentado sobre uma pedagogia absurda, em contradição com a experiência concreta universal, e, além disso, sacrilégio, já que se diz que Deus recompensa os bons e pune os maus, o que é o mais sólido sustentáculo da moral.

Um grupo de professores ingleses organizou um protesto público, declarando que, se fossem abolidos os castigos, eles seriam demitidos de suas funções porque não saberiam educar sem recorrer às punições.

As punições! Eu não percebera que era uma instituição indispensável, comandando a vida toda das crianças. Todos os homens não cresceram sob essa humilhação?

Sobre essa questão das punições, a Liga das Nações, em Genebra, decidiu fazer uma enquete, e o Instituto Jean-Jacques Rousseau a organizou em nome da New Education Fellowship. Perguntaram às instituições educacionais públicas e privadas "que tipo de punições utilizavam para a educação das crianças". Curiosamente, em vez de se absterem dessa enquete indiscreta, todos se apressaram em responder e alguns institutos pareciam orgulhosos de suas maneiras de punir. Alguns indicaram, por exemplo, ser proibido punir imediatamente, para que isso não fosse feito sob o império da cólera, mas que as faltas eram cuidadosamente consideradas e que no final da semana, no sábado, dia de descanso, esbanjavam friamente as punições merecidas durante a semana. Algumas famílias afirmaram: "Nós não somos violentos; quando a criança é má, nós a mandamos para a cama sem comer".

Mas as punições violentas, é um fato incontestável, eram muito comuns: tapas no rosto, insultos, pancadas com varas, detenções e terríveis ameaças imaginárias. A lista obtida em nossa época pela Liga das Nações não testemunha qualquer progresso em relação à sabedoria multimilenária atribuída a Salomão: "Aquele que não usa a vara com seu filho não é um bom pai, porque ele condena seu filho ao Inferno".

Podiam-se comprar em Londres chicotes vendidos em pacotes: eles ainda eram usados pelos mestres, embora seu uso remontasse a um passado remoto.

A utilização, julgada necessária, desses "meios indispensáveis" em educação mostra que a vida das crianças nunca foi e não é democrática, e que sua dignidade humana não é respeitada. Desde a Antigüidade, o adulto criou uma barreira muito mais em seu coração do que em sua mente: as forças interiores da criança nunca foram levadas em consideração, nem sob seu aspecto intelectual nem sob seu aspecto moral.

Ao longo de minhas experiências, a revelação dessas forças internas desconhecidas eliminou as punições. Mas tudo isso aparecia de um só golpe, numa revelação súbita, permanecendo incompreensível e provocando escândalo.

Tomemos uma imagem: Quando apontamos o indicador, mostrando um objeto a um cachorro para que ele vá procurá-lo, o cão olha fixamente para o indicador, e não para o objeto que lhe é mostrado. Tem-se por vezes a impressão de que é mais fácil para o cão morder o dedo do que compreender que precisa ir na direção indicada para recuperar o objeto.

A barreira dos preconceitos agia da mesma forma. As pessoas viam em mim o indicador que apontava uma realidade e... acabavam por me morder. Era impossível para elas simplesmente aceitar os fatos evidentes. Isso deveria ser a obra de alguém que os havia inventado ou imaginado.

Evocamos aqui um ponto cego no coração do homem, capaz, no entanto, de compreender tantas coisas, análogo ao ponto cego da retina que nada mais é do que o órgão através do qual vemos tudo. Ver a criança de um ponto de vista moral era impossível. Estávamos no "ponto cego" do coração do homem, topávamos com uma barreira de gelo.

Falamos de "uma página branca" na história da humanidade, de uma página que ainda não foi escrita e que se refere à criança.

Nos inúmeros e enormes volumes da história dos homens, a criança nunca aparece. Na política, na estrutura social, na guerra ou na reconstrução, jamais se considera a criança. O adulto fala como se somente ele existisse. A criança faz parte do domínio da vida privada das pessoas. Ela é apenas um objeto. Exige deveres e sacrifícios por parte dos adultos e merece punições quando os incomoda. Quando se pensa num paraíso terrestre no mundo futuro, numa sociedade nova reformada, vê-se apenas Adão, Eva e a serpente: no paraíso terrestre não há criança.

Que dela possa vir uma ajuda, uma luz, um ensinamento, uma nova visão, a solução dos problemas insolúveis, isso ainda não entrou na mentalidade coletiva de hoje. Mesmo os psicólogos, que buscam descobrir e desvendar a criança apenas através dos problemas do adulto, não vêem nela a porta que permitiria entrar no subconsciente.

Ordem e bondade moral

Para contornar as barreiras morais, bastaria ver a realidade da autodisciplina espontânea e do comportamento social das crianças, tão maravilhosamente delicados, e certamente tão perfeitos.

Quando vemos as estrelas que brilham no firmamento e seguem rigorosamente sua trajetória, tão misteriosas em sua forma de mantê-la, nós não pensamos: "Oh, como as estrelas são boas"; nós dizemos: "As estrelas obedecem às leis que regem o universo", ou então: "A ordem da criação é maravilhosa!".

O comportamento de nossas crianças colocava em evidência *uma forma de ordem* da natureza.

Ordem não significa necessariamente bondade moral. A ordem que constatamos nas crianças não demonstra que o homem "nasce bom". Mostra apenas que a natureza, em seu processo para construir o homem, segue uma ordem estável. A ordem não é bondade moral, mas sem dúvida é o meio indispensável para atingi-la.

Até mesmo na organização social exterior, deve haver uma ordem em sua base. As leis sociais são necessárias à organização social. Tudo isso não impede os governos de serem maus, injustos, às vezes cruéis. Enfim, a guerra, que é a pior e mais desumana das realidades humanas, tem suas próprias leis e está baseada na disciplina e na obediência dos soldados. A qualidade moral de um governo e a ordem que ele faz reinar são realidades totalmente diferentes. Nas escolas, não poderíamos instruir os alunos se não obtivéssemos deles uma disciplina, o que não impede que haja formas de educação que sejam más e outras que sejam boas.

Em nosso caso, a ordem verificada entre as crianças provinha de diretrizes internas, escondidas, misteriosas, que apenas podiam se manifestar graças à liberdade permitida às crianças. Para que elas tivessem essa liberdade, era indispensável que ninguém interferisse para impedir as atividades espontâneas das crianças em um ambiente especialmente preparado para satisfazer suas necessidades de desenvolvimento.

Para poder ser moralmente "bom", é preciso perceber inicialmente a "ordem das leis da natureza". A partir desse plano, é possível elevarmo-nos a uma "super-natureza" que requer a cooperação de nossa consciência.

Nas condutas más, é necessário distinguir aquelas que revelam uma simples *desordem* daquelas que testemunham escolhas morais para o mal. Uma criança pode ser *desorganizada* em função das leis naturais que direcionam seu desenvolvimento normal sem forçosamente ser *má*. Os ingleses, aliás, usam termos diferentes: "naughtiness" para as crianças e "evil" ou "badness" para os adultos.[2]

Podemos agora afirmar com segurança: a conduta má das crianças é uma *desordem* em relação às leis naturais de suas vidas psíquicas em construção. Ela não é uma maldade, mas compromete a normalidade de seus funcionamentos psíquicos futuros.

Se em vez de "normalidade" falássemos de "saúde" psíquica das crianças ao longo de seu crescimento, as coisas seriam mais claras, graças ao paralelo com o bom funcionamento do corpo. Do corpo, dizemos que ele é são, com boa saúde, quando todos os órgãos funcionam normalmente, o que vale para todos os homens, qualquer que seja sua constituição — forte ou delicada — ou seu temperamento físico. Se órgãos não funcionam bem, "doenças funcionais" aparecem: não há lesões, quer dizer, doenças orgânicas, mas apenas anomalias de funcionamento. Essas doenças funcionais podem ser curadas pela higiene, o exercício ou outros tratamentos análogos. Utilizemos esse tipo de análise para o domínio psíquico: podem ser alteradas algumas funções que não dependem em nada das características étnicas ou individuais da pessoa, de suas capacidades predestinadas a fazer grandes ou pequenas coisas na vida. Tanto o gênio quanto o mais humilde dos indivíduos deve, para ser psiquicamente são, usufruir de funções mentais *normalmente* estabelecidas.

---

2   Palavras que significam "desobediência, perversão, maldade" — NT.

Hoje, a maioria das crianças que encontramos são instáveis, preguiçosas, desorganizadas, violentas, teimosas, desobedientes, etc.: elas são *funcionalmente doentes*. Mas podem curar-se submetendo-se a uma espécie de higiene mental. Elas podem se *normalizar*. Nesse caso, elas se tornam crianças disciplinadas capazes de apresentar muitas surpresas felizes. Nessa normalização, as crianças não se tornam "obedientes a um professor que as instruiria e as corrigiria", mas encontram seus caminhos nas leis da natureza: elas começam a funcionar normalmente, e assim podem revelar ao exterior essa espécie de *psicologia* que, como no caso do corpo, situa-se no interior, num labirinto complicado dos órgãos psíquicos.

O que se chama de "Método Montessori" gira em torno desse ponto essencial.

Podemos dizê-lo com segurança, graças a quarenta anos de experiência que não cessaram de nos oferecer provas em todos os povos e países do mundo: a autodisciplina é a base fundamental de todos os resultados que obtivemos, como a explosão da escrita e tantos outros que se manifestaram seguidamente. O que é necessário é antes obter o *funcionamento normal* da criança, sua boa "saúde" mental, e depois mantê-la nesse estado a que chamamos de "normalização".

Antes é preciso que a criança se "normalize". Somente depois ela pode progredir. Um ser humano sofrendo não pode obter os resultados que poderia esperar de suas possibilidades naturais. Ele precisa, antes, curar-se.

É exatamente isso que procuram fazer os psicanalistas: "normalizar" os adultos que encontram tanta dificuldade em agir e realizar seus projetos na sociedade. É também o que tentamos fazer nas clínicas para crianças difíceis, onde tentamos fazê-las voltar a funcionar normalmente.

Mas pensamos que um bom método de educação deve reconhecer a necessidade de colocar a criança desde o início em condições tais que possa funcionar *normalmente* e manter-se nesse estado normal. Esse método deve ter como fundamento uma espécie de "higiene mental" a fim de ajudar os homens a se desenvolverem a partir de um estado de equilíbrio mental.

Tudo isso nada tem a ver com as teorias filosóficas que afirmam ser a natureza humana boa ou má, nem com as altas idéias abstratas que podemos construir sobre o que é o "homem normal". Trata-se de fatos concretos de uma necessidade prática universal.

A base do crescimento

Uma coisa está clara: é um impulso inconsciente que, na idade do crescimento, da construção do indivíduo, leva-o a se desenvolver. Só ele pode tornar as crianças verdadeiramente felizes e incitá-las aos maiores esforços para atingi-lo. Podemos dizer que a infância é uma idade de "vida interior", que leva os seres humanos a crescerem e a se aperfeiçoarem. Quanto ao mundo exterior, ele não tem valor para a criança a não ser na medida dos objetivos fixados pela natureza, porque a criança só deseja o que é adaptado a suas necessidades, e ela só o usa na medida em que isso se revela útil na obtenção de suas metas.

Da mesma maneira que a criança mais nova não tem ciúme da mais velha, assim também ela não deseja, para esse momento, o que lhe seria inútil.

É isso que explica a atitude pacífica e alegre da criança que, num ambiente propício, escolhe objetos e suas ocupações.

A criança mais nova não se sente em competição com a mais velha; ela demonstra por ela admiração e sentimentos de respeito. Ela vê na outra seu próprio triunfo, que é certo, porque a criança vai crescer; caso contrário, morreria. A mais velha não suscita ciúme pelo simples fato de ser maior.

É por isso que os sentimentos que podemos qualificar de "maus" não se manifestam nela. A *naughtiness* dos pequenos é uma manifestação de defesa ou desespero inconsciente, já que não podem *funcionar* durante esse período do qual depende todo o futuro e em que cada instante permite, normalmente, um progresso. A *naughtiness* da criança é uma agitação que provém da fome mental, quando ela é subtraída dos estímulos do ambiente, ou algum desgaste que tenha sofrido, se foi impedida de agir. Se o objetivo *inconsciente* vê sua realização distanciar-se, provoca uma espécie de inferno na vida da criança, por conta da interdição das energias criativas à fonte condutora.

Mais tarde, o tempo útil para a "formação do primeiro desabrochar do homem" será atingido e o rapazinho ou a mocinha, tendo mais ou menos sucesso na realização dos desenhos da vida, começará a desviar seus interesses para as realidades exteriores. É apenas a partir desse estágio que podem surgir sentimentos de ciúme pelos sucessos obtidos pelos outros. A situação então é completamente diferente e, a partir desse momento, é concebível fazer julgamentos de "bondade" ou de "maldade" da criança, quer dizer, sobre as deficiências morais em relação à sociedade que podem justificar a intervenção corretiva da educação.

Educação dilatadora

Porém, mesmo nesse estágio, enganamo-nos se desejamos corrigir a criança suprimindo diretamente seus defeitos. Só podemos corrigi-la com a *ampliação*, oferecendo-lhe espaço, dando-lhe meios para dilatar sua personalidade, suscitando nela centros de interesse além do que fazem os demais; caso contrário, a empobrecemos mantendo-a próxima a nós. Somente os pobres brigam por um pedaço de pão. Os ricos se atiram a todas as possibilidades que o mundo lhes oferece. O ciúme e a competição são sinais de um "desenvolvimento mental insuficiente", de uma visão muito restrita.

Aquele que visualiza conquistar um "paraíso" permanecerá insatisfeito sempre que não atingir seu objetivo, mesmo que lhe ofereçamos o mundo inteiro, e ele renunciará facilmente à posse de bens limitados.

Da maneira análoga, podemos falar de uma educação que *engrandece* o horizonte e traz interesse além de um limite imediato e fechado. É a pequenez do objetivo a conquistar que gera o ciúme e a luta; um espaço vasto dá lugar a outros sentimentos, capazes de motivar para tudo aquilo que permite aos homens avançar no sentido do progresso.

Uma educação "de imensidão" permite, então, dissipar defeitos morais da criança. "Alargar o mundo" no qual ela se entedia deve ser a primeira providência da educação. "Libertá-la das correntes que a impedem de avançar" é a técnica fundamental. "Dispor ao seu alcance centros de interesse, satisfazendo assim as tendências mais profundas escondidas em seu psiquismo; convidá-la a conquistar o ilimitado em vez de reprimir seu desejo de obter o que seus vizinhos possuem". É sobre esse plano, aberto a todas as possibilidades, que podemos e devemos ensinar o respeito por todas as leis exteriores estabelecidas por esse outro poder natural que é a sociedade dos homens.

É preciso dizer, enfim, que a questão moral, da bondade, não pode ser abordada a não ser tão logo a "criancinha" tenha sido superada. Só então é possível expor os problemas filosóficos. Mas estes se referem à *relação com Deus*, às elevadas idéias sobre o mundo e o destino individual. Na realidade, os que querem lutar contra o "pecado original" o fazem orientando os homens em direção à grandiosidade da redenção.

2 | Os preconceitos sobre as crianças nas ciências e na educação

A aquisição da cultura

Em nossas escolas, onde aconteceram estas experiências educativas, manifestou-se uma tendência natural à *extensão* espontânea da cultura, ao *crescimento de conhecimentos*. Isso aparece como um processo natural. Desde então, os problemas do ensino se transformaram: o problema prático do mestre não é mais o de fornecer conhecimentos num quadro limitado, previamente definido, mas sobretudo o de *controlar* e *dirigir* o entusiasmo das crianças, um pouco como um treinador de jovens garanhões. São necessárias rédeas para conter e guiar as crianças, e não chicotes para fazê-las avançar.

Até a "maneira" de transmitir o ensinamento nas escolas tradicionais é diferente. A *técnica* de ensino nas escolas tradicionais reside numa lenta progressão, que avança sucessivamente sobre as dificuldades presumidas numa ordem pré-estabelecida. Aqui, ao contrário, as crianças, deixadas livres em seu ambiente, utilizam *técnicas* originais que jamais poderíamos adivinhar.

A criança aprende verdadeiramente por si mesma, já que pode colocar em prática sua dinâmica própria segundo processos mentais naturais, que agem em geral de maneira bastante diferente do que se supõe habitualmente. É por isso que se falha nos procedimentos em uso nas escolas tradicionais. O aluno pode apresentar resultados surpreendentes, mas sob a condição de o professor aplicar a técnica científica de uma "intervenção indireta" como ajuda ao desenvolvimento da criança.

Os progressos culturais precoces e importantes que atingimos com nossas crianças, e que geraram tanta admiração e tantas oposições — por conta de mal-entendidos e incompreensões —, sempre estiveram apoiados sobre o seguinte princípio de psicologia infantil: a criança aprende através de sua própria atividade, apoderando-se da cultura em seu *ambiente*, e não a recebendo do mestre, e, como podemos demonstrá-lo, colocando em funcionamento as capacidades de seu subconsciente, deixado livre para absorvê-lo e exprimir-se segundo processos naturais do espírito absorvente.

Diremos que até o professor faz parte do ambiente da criança. De fato, este intervém facilitando os processos naturais. Mas o fato é que a criança não aprende, como o cremos geralmente, graças apenas ao trabalho de explicação do mestre, mesmo sendo ele o melhor ou o mais perfeito. A criança, ao aprender, segue as leis interiores da elaboração mental, e há uma troca direta entre ela e o ambiente. O mestre, propondo centros de interesse e de iniciação, representa antes de tudo um "traço de união".

Compreende-se cada vez mais a maneira como a criança aprende graças às experiências, cada vez mais numerosas e mais precisas, direcionadas pelo objetivo de conhecer esses fenômenos de forma aprofundada. Constata-se em numerosas crianças, postas em condições adequadas, uma paixão pelo cálculo e pelos grandes números — não apenas grandes operações aritméticas, mas também cálculos de nível bastante superior, como a pesquisa da potência de números ou extração das raízes quadrada e cúbica, assim como os problemas de geometria que suscitam interesse particular.

Constatamos até mesmo uma capacidade de aprender inúmeras línguas simultaneamente e de estudar a gramática e o estilo. Eis, por exemplo, uma criança indiana, de oito anos, que gosta de ler poemas escritos em sânscrito (língua morta) e que traduz contos védicos do hindu para o inglês, sendo sua língua materna o gujarati, um idioma indiano. Portanto, sua cultura se amplia pelas línguas vivas e mortas e por países estrangeiros.

É preciso acrescentar a tudo isso o interesse das crianças pelas realidades da natureza, uma prodigiosa memória para nomes e, fato estranho, o prazer de aprender as classificações complicadas das plantas e dos animais, classificações que a ciência oficial, pelo menos no ensino escolar, considera um esforço inútil exigir e que devem ser suprimidas, pelo fato de serem por vezes incertas e de atravancarem inutilmente a memória.

Esse interesse pelas "classificações" é revelado graças a um material móvel, feito com símbolos: o prazer de criar uma ordem mental é evidente tão logo as crianças manipulam as imagens e organizam os objetos por suas particularidades. Não é um exercício de memória, mas de construção, análogo ao de uma criança pequenina fazendo castelos de areia. Todas essas numerosas idéias, todos esses nomes, que de outro modo seriam esquecidos, ficam reunidos numa construção fascinante. O mesmo acontece com o material de cálculo, que se organiza no quadro do sistema decimal, recolhendo as unidades em hierarquias sucessivas tão claras que a aritmética aparece como uma conseqüência da ordem das unidades. Igualmente acontece com os fatos históricos colocados em função das datas e da geografia: eles constroem no espírito um sistema de fatos culturais ordenados no tempo e no espaço.

A própria natureza criativa procede desta maneira. Na criança, durante a elaboração da linguagem (a língua materna), isso se constrói desde o início com base nos sons das palavras e na gramática, ou seja, na ordem em que as palavras devem ser colocadas para exprimirem um pensamento. Aí está a primeira construção fundamental, que acontece pouco após a idade de dois anos com um número relativamente limitado de palavras. Depois, a linguagem se enriquece espontaneamente com palavras novas, que encontram uma ordem já estabelecida, pronta para acolhê-las.

O processo adotado em nossa experiência, com crianças cujas idades iam até nove anos, pode ser usado com crianças mais velhas, e podemos afirmar que, nos jovens que se desenvolvem, em todos os níveis culturais, não é necessário incomodar a atividade individual, que, podemos afirmar, obedece a um "processo natural de desenvolvimento psíquico".

Seguramente, à medida que a cultura se eleva, o mestre ou o professor representa um papel cada vez mais importante, mas este papel deve consistir mais em *estimular o interesse* do que em ensinar segundo a concepção tradicional.

É a razão pela qual as criancinhas, quando se interessam por um assunto, têm a tendência de estudá-lo por um longo tempo, de se exercitarem nele até que atinjam uma espécie de "maturidade" vinda de suas próprias experiências. Depois dessa fase, o que é conquistado o é definitivamente, e o processo tende a expandir-se mais e mais, espontaneamente. O infeliz professor se vê, então, obrigado a seguir até os limites do que se havia proposto a ensinar. Sua dificuldade não é mais "fazer aprender", mas ser capaz de responder às exigências inesperadas de seus alunos, porque se vê obrigado a desenvolver temas que não tinha a intenção de abordar. A instrução tende a se expandir sob o efeito de seu próprio dinamismo. Freqüentemente, depois de um longo repouso ou suspensão do trabalho, ou imediatamente após um período de férias, constata-se não só que os alunos conservaram a lembrança do que aprenderam, mas que sua cultura se ampliou como por mágica. Após as férias, elas estão mais ricas que antes, o que revela seu poder de explorar o ambiente ao redor.

Esse processo de atividade espontânea das crianças às vezes as leva a concluir um trabalho voluntariamente intensificado e complicado que absorve todas as suas energias mentais durante horas inteiras, até mesmo durante dias consecutivos.

Eu me recordo de uma criança que queria desenhar um rio e todos os seus afluentes. Para isso ela precisava pesquisar longamente nos livros de geografia que não faziam parte dos livros da escola; para seu desenho ela escolheu um dos mapas milimetrados que os engenheiros usam e, com a ajuda de um compasso e vários outros instrumentos, conseguiu, por força da paciência, atingir seu objetivo. Ninguém, certamente, poderia exigir dela tal trabalho.

Outra vez, vi um menino que se propôs a fazer uma multiplicação gigantesca de um numeral com trinta algarismos por um outro com vinte e cinco algarismos. Os numerais se acumulavam, mas o menino não ficou surpreso; ele teve que pedir a ajuda de dois colegas que lhe providenciavam folhas de papel e as colavam umas nas outras para que contivessem o enorme desenvolvimento dessa operação monstruosa. Ao final de dois dias consecutivos de trabalho, a multiplicação ainda não estava concluída. Ele terminou no terceiro dia, sem que os meninos manifestassem o menor cansaço. Pelo contrário, pareciam orgulhosos e satisfeitos pelo enorme trabalho finalizado.

Lembro-me igualmente de quatro ou cinco crianças que se propuseram a fazer juntas a multiplicação algébrica de todo o alfabeto por ele mesmo, quer dizer, colocar o "alfabeto ao quadrado". Desta vez também a operação necessitou de um trabalho material que consistiu em colar tiras de papel que, dispostas ponta a ponta, atingiam um comprimento de cerca de dez metros.

Esses trabalhos pacientes têm como efeito tornar o espírito mais forte e mais ágil, como pode fazê-lo, para o corpo, a ginástica a partir de um treinamento físico.

Um dia vi uma criança fazer uma operação surpreendente: ela havia adquirido a capacidade de fazer mentalmente, sem escrever ou falar, operações bastante complicadas sobre as frações, enquanto o professor, por sua vez, as executava por escrito, não sendo capaz de fazê-las mentalmente. Ao final do cálculo, a criança anunciou o resultado. O professor (que era diretor de escolas inglesas, vindo visitar nossas escolas na Holanda) indicou que o resultado dado pela criança não estava exato. A criança, sem se surpreender, manteve-se por um instante pensativa, depois declarou: "Sim, eu sei onde errei". Um instante depois, deu o resultado exato. Essa correção, feita de cabeça, sobre um cálculo mental bastante complicado, efetuado previamente, era ainda mais espantosa do que a execução do cálculo mesmo. Evidentemente, essa criança tinha uma tendência de espírito particular que a tornava capaz de se lembrar de todas as operações.

Em outra oportunidade, vi uma criança que, depois de ter aprendido a extração da raiz quadrada pelo processo clássico indicado pelos nossos materiais, mostrou-se particularmente desejosa pela extração de raízes por ela mesma, mas, desta vez, com outro método, inventado por ela, o qual inclusive não era capaz de explicar.

Não terminaríamos de citar exemplos. Um dos mais extraordinários que eu pude apreciar foi o trabalho paciente de uma criança que fazia, por escrito, a análise gramatical de todo um pequeno livro, sem mudar de ocupação até o final, após dias e dias de trabalho.

Essas manifestações psíquicas revelam uma espécie de mecanismo formador. São exercícios sem qualquer utilidade exterior ou aplicação prática. Não seria possível impô-los como se poderia fazer com uma ginástica corporal, porque seria impossível manter artificialmente, de forma ininterrupta, um interesse vivo, uma atenção constante por essas atividades pouco atraentes por si mesmas e sem objetivo. É realmente um esforço espontâneo, tão importante que seria impossível provocá-lo do exterior.

Apesar das "perdas de tempo" que podemos constatar dentre elas em suas diversas ocupações, estas crianças fazem progressos excepcionais em todos os domínios da cultura e da arte. Numa escola na Índia, um professor particular iniciava as crianças na música e na dança. Em sua ausência, um grupo de crianças se reuniu na sala de música e improvisou danças que o mestre não lhes havia ensinado e que eram bem diferentes da arte indiana. As crianças usavam os instrumentos para ritmar uma espécie de coral de sua própria invenção. Fazendo isso, manifestavam um intenso interesse que ia além do simples prazer. Assim, de tempos em tempos, ouvia-se na escola essa música inesperada.

Esses fenômenos são bem diferentes daqueles nos quais se baseia a educação corrente, em função de uma psicologia "escolar" que só leva em conta a "vontade" ou os "esforços" resultantes de uma reflexão intelectual ou de restrições externas. O que aqui intervém, fora toda reflexão e na ausência de toda finalidade utilitária concreta, é uma espécie de *impulso vital*. Temos aí a "irrupção de manifestações improvisadas e inesperadas".

Esses dinamismos internos fazem as crianças "progredirem" na aquisição real da cultura muito mais do que o faria um esforço voluntário ou imposto. E os resultados que são obtidos não são diretamente relacionados com os estranhos exercícios de paciência e de trabalho constante. Esses parecem relevar mecanismos *interiores* cuja ação favorece o desenvolvimento da personalidade em seu conjunto.

De fato, uma das conseqüências indiretas é a formação do *caráter*, o desenvolvimento da personalidade. Essas crianças não só fazem progressos totalmente surpreendentes na conquista da cultura como ainda se tornam mais conscientes de si mesmas, mais senhoras de suas ações, mais seguras em suas maneiras de se conduzirem, desprovidas da rigidez e das hesitações devidas à timidez ou ao medo. Tornam-se capazes de se adaptar rapidamente aos demais, a seu ambiente e a suas possibilidades. Sua alegria de viver e a disciplina parecem decorrer mais dos atos interiores do que das circunstâncias exteriores. As crianças se mostram capazes de dominar rapidamente o ambiente ao seu redor. Por serem mais equilibradas e mais capazes de se orientar, e pelo fato de terem uma melhor auto-estima, elas se mostram habitualmente mais calmas e em harmonia consigo mesmas e, graças a isso, é mais fácil para elas se adaptarem aos demais.

Nossa experiência nos permitiu igualmente constatar a força abominável dos preconceitos. Mesmo que todos se queixassem da falta de cultura e ressaltassem sua necessidade absoluta na vida cotidiana de nossa época, virou moda opor-se, como que para defender a criança, ao desenvolvimento cultural trazido por nossas escolas. Por inércia intelectual, essas revelações de nossas crianças foram vistas quase como uma heresia pedagógica, e mais ainda psicológica, e combateram nossos materiais que ajudam nesse desenvolvimento. Utilizaram contra nós *sobrecarga* intelectual das criancinhas nas escolas tradicionais, nos acusaram de forçar demais as energias intelectuais da criança e denunciaram nosso intelectualismo!

Nós éramos, é claro, totalmente inocentes de tudo isso. A simples descrição dos fatos, dos quais escolhemos apenas alguns exemplos nas páginas precedentes, prova que eles também nos surpreendiam, ao passo que levantavam suspeitas espantosas sobre os outros. Quem ousou provocar a manifestação dessas capacidades nas crianças? Certamente não nós. Foram as crianças que as manifestaram e, quanto a nós, mantendo a atmosfera de liberdade que caracteriza nossa escola, nada mais fizemos do que respeitá-las, e apenas reagimos oferecendo-lhes alguma ajuda que nos pediam. Certamente nós nos esforçamos por entender a origem dessas capacidades surpreendentes e buscar condições que permitissem e, talvez, favorecessem a "irrupção" delas.

É apenas a constatação da repetição geral desses mesmos fenômenos, acontecidos entre crianças de grupos étnicos bem diferentes ou pertencentes a civilizações menos evoluídas que a nossa, que nos levou a concluir que se tratava de possibilidades "normais", de capacidades verdadeiramente humanas, que permaneceram por longo tempo escondidas por terem os adultos não respeitado as leis da formação psíquica e de não terem oferecido às crianças a educação a que têm direito.

A questão social da criança

Os resultados que atingimos não são fáceis de serem obtidos, porque nos deparamos com enormes obstáculos constituídos por preconceitos milenares. A criança e sua educação são um domínio no qual *todos* têm alguma experiência desde o aparecimento do homem sobre a Terra, e essa experiência dos homens em relação à criança dispôs de muito tempo para se consolidar e universalizar.

Infelizmente, algumas ciências modernas, ou melhor, tentativas científicas, foram elaboradas a partir de manifestações muito superficiais das crianças — "efeitos" de circunstâncias exteriores — e preconceitos sobre a criança, que cada homem traz em si, foram facilmente adotados. Sendo assim, essas manifestações das crianças que evocamos não são postas sob os olhos de homens que de fato olham para a realidade, mas de homens cegados pelos preconceitos.

Esses preconceitos são tão universais que é difícil fazer com que sejam reconhecidos como tais: eles se confundem com a evidência das coisas admitidas, já que todos apenas vêem a criança conhecida e não aquela que permanece desconhecida. De fato, se afirmamos em público que para reformar a educação é preciso vencer inúmeros preconceitos, o pensamento do ouvinte mais adiantado, o menos "conformista", vai se voltar imediatamente para a questão de "o que se deve ensinar", e não para a criança. Ele pensará que o ensino deve excluir o que se considera como preconceitos ou erros, para que não o transmitamos à criança. Alguns dirão que é preciso evitar o ensino das idéias religiosas dogmáticas, outros que é necessário suprimir os preconceitos sobre as classes sociais, outros ainda que se devem eliminar hábitos de formalidades que não são mais adaptáveis à nossa sociedade, e assim por diante.

Mas os preconceitos mais embaraçosos são os que *impedem* de ver a criança de maneira nova, diferente do ponto de vista habitual, o que parece inconveniente.

Aquele que se ocupa da psicologia infantil ou da educação deve levar em consideração, não os preconceitos sociais que tanto preocupam o homem moderno, mas os *outros*, os que se referem diretamente à criança, a suas qualidades naturais e a suas capacidades em condições anormais de vida, que infelizmente são as suas.

O abandono dos preconceitos religiosos talvez permita entender melhor a grandiosidade e o significado das religiões, mas não a personalidade natural da criança. Desembaraçar-se dos preconceitos sociais sem dúvida permite atingir o entendimento e a harmonia entre os homens, mas não permite ver melhor a criança. Reconhecer a futilidade de inúmeros formalismos nas relações sociais, ligados a épocas passadas, permitiria uma reforma dos costumes, mas não permitiria ver melhor a criança.

Na opinião corrente, por tudo o que contribui ou parece contribuir para o progresso social entre os adultos, pode-se fazer total abstração das necessidades vitais desse ser humano que é a criança. Em sua visão da sociedade e do progresso, o adulto só leva em consideração a si mesmo. A criança permanece exterior à sociedade, como uma incógnita na equação da vida.

É aí que se enraíza o preconceito segundo o qual a vida da criança só pode modificar-se ou melhorar através do ensino. Esse preconceito impede de ver o fato de que a criança se constrói por si mesma, de que ela tem, dentro de si, um *mestre*, que tem um programa e uma técnica educativa, e de que, se reconhecermos esse *mestre* desconhecido, poderemos ter o privilégio e a felicidade de nos tornarmos seus fiéis servidores, ajudando-o como bons colaboradores.

Muitos outros preconceitos são a conseqüência lógica de tudo isso. Crê-se que o espírito da criança seja virgem, vazio, sem guia e sem leis e que, por isso, temos a imensa e total responsabilidade de preenchê-lo, de guiá-lo e de comandá-lo. Afirma-se que seu espírito tende a conter uma quantidade de defeitos, a se confundir, a ser preguiçoso, a se perder como uma pluma levada pelo vento e que nós devemos, então, estimulá-lo, encorajá-lo, corrigi-lo e guiá-lo continuamente.

No nível físico acontece o mesmo. A criança, dizem, não controla seus movimentos, é incapaz de se utilizar de seu corpo. O adulto se antecipa em fazer em seu lugar, sem pensar que a criança poderia agir sozinha. Desse modo, a responsabilidade da criança e os cuidados que ela requer pesam muito nos ombros do adulto. O adulto sente que tem a tarefa de "criar" o homem na criança, e que depende do seu trabalho a inteligência, a atividade socialmente útil e o futuro caráter desse novo ser humano que chegou à sua casa.

Isso suscita nele sentimentos de orgulho e de responsabilidade ansiosa. Essa criança deverá então demonstrar gratidão e respeito infinitos por seus pais, seus salvadores, e, caso se mostre rebelde, será culpada e deverá ser corrigida, e submetida à coerção, se necessário. Essa criança, para ser perfeita aos olhos do adulto, deve então mostrar-se totalmente passiva e escrupulosamente obediente. Faz-se dela um parasita de seus pais, e já que estes assumem o encargo econômico de sua existência, deve depender deles absolutamente.

Deve *ser* o filho! Mesmo quando já se tornou um homem e deve fazer a barba a cada manhã para ir à universidade, o menino permanece totalmente dependente de seu pai e dos seus mestres como quando era criança. Ele continua a ir aonde seu pai deseja, a estudar o que desejam seus mestres e professores. Em suma, permanecerá alheio à sociedade mesmo quando estiver diplomado e tiver atingido, quem sabe, os vinte e seis anos.

Ele não poderá escolher casar-se sem o consentimento de seu pai antes de uma idade avançada, fixada não em função de suas necessidades e de seus sentimentos, mas de uma lei social concebida pelos adultos e idêntica para todos.

E quando a sociedade lhe disser: "Parasita, prepara-te para matar ou ser morto!", deverá obedecer até a morte, e se não responder a essa ordem, quer dizer, se não cumprir o serviço militar, não conseguirá um lugar na sociedade; será um delinqüente.

O mundo é tão indiferente a essa situação quanto uma ovelha pelo correr tranqüilo de um riacho em seu prado. No entanto, é esta a preparação do homem para a vida.

Quanto à mulher, ela é ainda mais dependente; ela está condenada... à vida.

As regras desse modo de vida são o fundamento da sociedade. Ninguém pode ser julgado *inocente* se não se conformar.

Assim, desde o nascimento, e enquanto os deveres ditados pelos adultos não forem concluídos, a criança ou o jovem ainda dependente não é considerado um *homem* pela sociedade. Imaginemos, por exemplo, um estudante a quem digam: "Pense em teus estudos, não te ocupes de política e de diversas idéias que te impuseram, porque tu não tens direitos civis!". A vida social só começa após esse tipo de preparação ditatorial.

É preciso reconhecer que, ao longo da história, uma certa evolução se produziu. Segundo as leis romanas, o pai tinha poder de vida e morte sobre seu filho em nome dos direitos que a natureza lhe havia conferido pelo fato de tê-lo gerado. Podia-se suprimir a criança fraca e deformada jogando-a do alto de um rochedo (a rocha Tarpéia).[3] Com o advento do cristianismo a criança é posta sob a proteção de uma lei, que impõe o respeito à vida. Não se tinha mais o direito de suprimir fisicamente a criança. Mas isso não durou muito.

Pouco a pouco a ciência, graças à higiene, conseguiu "proteger" a vida da criança das doenças e das crueldades patentes, mas ela não disse quais eram as condições para que se protegesse a vida de *todas* as crianças.

A personalidade da criança continuou escondida sob os preconceitos da ordem e da justiça. O adulto, que tanto trabalhou para defender seus próprios direitos, se esqueceu da criança e ninguém se preocupou com isso. Neste quesito, a vida continuou

---

3   Rochedo de onde criminosos condenados e crianças defeituosas eram atirados para a morte — NT.

a se desenrolar e a se complicar até nossa época. De tudo isso surgiu o conjunto de idéias e preconceitos particulares que são impostos com o louvável objetivo de proteger e respeitar a vida da criança.

Não se admite, por exemplo, qualquer forma de *trabalho* por parte da criança pequena, mas a abandonamos numa vida intelectual passiva. Ela apenas tem o direito de brincar e mais nada! E de uma maneira bem definida!

Quando um dia se descobre, então, que a criança é um grande trabalhador, que pode se dedicar e se concentrar, que pode instruir-se, que é capaz de se disciplinar por si mesma, isso parece uma fábula, um absurdo, e não uma surpresa interessante.

Não se fixa a atenção sobre essa *realidade*, não se chega a refletir e a compreender que aí pode haver um *erro* por parte do adulto. Ela é simplesmente considerada como impossível, inexistente, ou diríamos, não séria.

Hoje, a grande dificuldade para liberar a criança e ressaltar suas capacidades não consiste em descobrir uma forma de educação realista, mas em vencer os preconceitos do adulto em relação à criança. É por isso que digo que devemos reconhecer, estudar e combater unicamente os *preconceitos relativos à criança*, sem nos preocuparmos com os outros, que o adulto formou no decorrer de sua própria vida.

Esta luta contra os preconceitos é a questão social da criança. Devemos tratá-la ao mesmo tempo que renovamos sua educação. É preciso então traçar uma *rota* positiva e bem delimitada para esse objetivo. Se visamos *unicamente* e diretamente os preconceitos relacionados à criança, uma *reforma do adulto* a seguirá, porque será derrubado um obstáculo que se encontra nele mesmo. Essa reforma do adulto tem, aliás, uma importância enorme para toda a sociedade, porque permitirá o despertar de uma parte da consciência humana escondida em bloqueios estratificados. Ora, enquanto essa parte de nossa consciência nos trouxer problemas, todas as demais questões sociais continuarão a nos parecer obscuras e seus problemas insolúveis.

A *consciência* é obscurecida não só em alguns adultos, mas em todos, porque todos têm crianças e, estando todos com a consciência obscurecida, agem de maneira inconsciente: não usam, nesse domínio, a reflexão, a inteligência que, em todos os demais setores, os conduziu ao progresso. Há verdadeiramente um *ponto cego* análogo ao que existe em nossa retina. A criança, essa desconhecida, essa aparência de homem, essa incompreendida, por vezes considerada como um acidente matrimonial que gera toda uma vida de sacrifícios e deveres, não suscita por si mesma nem espanto nem admiração.

Permitam-me descrever um complexo psicológico. Suponhamos que a criança possa aparecer como por um milagre, tal como os homens vêem a figura do Menino Jesus, que inspirou tantos artistas e poetas, esperança de redenção para a humanidade inteira, figura majestosa aos pés da qual o Oriente e o Ocidente depositam seus dons com devoção. Esse Menino Jesus é, no entanto, mesmo na liturgia, uma verdadeira criança, um recém-nascido inconsciente. Hoje, em quase todos os países, sentimentos grandiosos se manifestam por ocasião do nascimento de sua criança, que se encontra idealizada pelas forças do amor.

Mas, em seguida, a criança que se desenvolve começa a trazer contrariedades. Quase com remorso, procuram então defender-se dela. Ficam tão felizes quando ela dorme que tentam fazê-la dormir o máximo possível. Quem pode entregá-la a mãos estranhas, a confia a uma babá e, se têm coragem, procuram se distanciar a maior parte do tempo. E se a criança, esse ser ignorado e incompreensível que age sob impulsos inconscientes, não se submete, é punida; luta-se contra ela que, em sua fragilidade e indefesa, deve suportar tudo.

Surge, então, um *conflito* no espírito do adulto que a ama, em princípio não sem dor, não sem remorsos. Depois o jogo psíquico entre consciente e inconsciente encontra no homem uma acomodação. Há, como o diz Freud, uma fuga. O inconsciente prevalece e sugere: "Você não faz isso para se defender da criança; é um dever que você cumpre para com ela, é um bem necessário. Você precisa, pelo contrário, de coragem para se comportar assim, porque assim você a *educa*, você trabalha para desenvolver o bem nela". Esse arranjo traz um alívio mas, ao mesmo tempo, sepulta os sentimentos naturais de admiração e de amor iniciais.

Isso acontece com todos os pais, porque o fenômeno está inscrito na natureza humana. Assim se cria uma espécie de "organização inconsciente de defesa" entre todos os pais do mundo. Uns se apóiam nos outros e a sociedade inteira constitui um inconsciente coletivo, onde todos agem de comum acordo para afastar e rebaixar a criança: agem para o seu bem, cumprindo para com ela um dever e fazendo mesmo um sacrifício. E, desta forma, fica sacrificada aquela espécie de remorso que, nesse conflito, fica definitivamente e solidariamente enterrado. Quer dizer que o que se fixa toma a força de uma sugestão, a aparência de um absoluto indiscutível, sobre o qual todos estão de acordo. E os futuros pais, por sua vez, aceitarão a sugestão e serão preparados para os deveres e sacrifícios que deverão fazer pelo futuro da criança.

Essas pessoas sugestionadas preparam a consciência para tal acomodação e a criança fica escondida no inconsciente. Como para todos que são objeto de uma sugestão, só existe nelas o que foi assim fixado, e esse mecanismo se perpetua de geração em geração. Através dos séculos, a criança escondida nada pode revelar de sua natureza iminente.

Vou lhes propor um símbolo para designar esse fenômeno. O bem é na realidade o mal mascarado, um mal organizado que é uma solução inconsciente para graves conflitos. Ninguém deseja o mal, todos desejam o bem, mas esse bem que se deseja é na realidade um mal. Cada um vê as coisas a partir da força de uma sugestão que vem do ambiente, que é moralmente uniforme. Criou-se então na sociedade uma *organização do mal* que toma a forma do *bem* e que é *imposta* pelo ambiente à *humanidade* inteira por meio da *sugestão*. Tomando as iniciais dessas palavras surge o termo *ombihus*.

O *ombihus*

O *ombihus* social domina a criança. Todos percebem o *ombihus* em vez da criança sublime, o pequeno irmão do Menino Jesus. E os sentimentos que surgem dessa situação invadem de maneira trágica toda a vida da criança, enquanto sua imagem ideal não passa de um símbolo nas igrejas.

Mesmo que os adultos chegassem à conclusão de que todos somos filhos de Deus e que o Cristo vive em cada uma de nós, sendo o modelo que é preciso tentar imitar e com quem é preciso identificar-se até o ponto de dizer: "Não sou mais eu que vivo, é o Cristo que vive em mim",[4] fariam exceções às crianças. O Menino Jesus é diferente do pobre recém-nascido soterrado pelo *ombihus*. Neste, as pessoas vêem apenas o pecado original que deve ser combatido.

Essa pequena síntese, baseada nos segredos psicológicos da natureza humana, ilustra o fato primordial da opressão crescente e total da criança. Mesmo isolada em sua família, pesa sobre ela o preconceito de toda a sociedade, organizada pelos adultos. Ao longo da evolução e mesmo nos movimentos sociais em favor dos direitos do homem, a criança ficou esquecida.

A história da injustiça cometida contra ela ainda não foi escrita oficialmente, e por isso não a aprendemos estudando as disciplinas históricas nas escolas, em qualquer que seja o nível. Mesmo os estudantes de história que obterão um doutorado nessa matéria jamais ouvirão falar disso. A história fala do homem adulto, porque somente ele importa para a consciência. O mesmo para os que fazem estudos de direito: eles aprendem milhares de leis do passado e da atualidade, mas não se preocupam que leis em favor dos direitos da criança não tenham sido promulgadas. Assim a civilização passa ao largo de uma questão que jamais foi reconhecida como um "problema social".

No entanto a criança é levada em conta e usada quando parece útil aos adultos. Mas, mesmo nesse caso, ela continua a ser o *ser humano* cujo destino cai no ponto cego da consciência. Tomemos o exemplo mais evidente. Durante a Revolução Francesa foram proclamados pela primeira vez os direitos do homem, de todos serem instruídos, de saberem ler e escrever. Tratava-se de estender a todos um privilégio até então reservado a uma elite. Seria lógico que todos os homens adultos se dedicassem a essa nova tarefa, porque se tratava de um direito que não se baseava unicamente na abolição violenta de um privilégio, mas que necessitava de um

---

4 Gl 2, 20 — NE.

esforço pessoal de aperfeiçoamento. Pensou-se, ao contrário, apenas na criança, e foi depositado exclusivamente sobre ela todo o esforço dessa conquista.

Eis, pois, pela primeira vez na história do mundo, a criança "mobilizada" para o serviço da escola, assim como, em tempos de guerra, se mobiliza os jovens para o serviço das armas.

Todos conhecemos esta história lamentável. A criança foi condenada à prisão perpétua: durante toda sua infância ficou aprisionada. Ficou fechada em salas de aula nuas, sentada em bancos de madeira, sob a dominação de um tirano que lhe impunha sua vontade sobre tudo que devia pensar, aprender ou fazer. E a mão delicada da criança a escrever; seu espírito imaginativo teve que fixar-se nas formas áridas do alfabeto, sem que lhe revelassem qualquer das vantagens que dele podem ser tiradas, porque o adulto as reservava para si.

É uma história de mártires não canonizados! As crianças foram torturadas, seus dedinhos apertando as canetas receberam pancadas de vara para obrigá-las a um exercício cruel. Esses prisioneiros sofreram muito. Eles tiveram a coluna vertebral deformada por terem sido constrangidos a ficar sentados sobre um banco de madeira dia após dia, ano após ano, desde a mais tenra idade. Amontoados, submetidos à convivência com doentes, sofrendo o frio, conheceram uma situação que fazia pensar nos campos de concentração. E isso até nossa época. A vantagem? Era um direito para o homem, e não para a criança. Mas ninguém o reconhecia, ninguém procurou ajudá-la em seus sofrimentos. E contudo havia sempre entre os pais os sentimentos naturais que alimentavam o amor materno e paterno no nascimento do bebê, sem falar no instinto de proteção dos pequenos, comum até mesmo nos animais.

Como explicar tudo isso, a não ser através de um fenômeno misterioso da consciência? O que, melhor que isso, pode demonstrar a força do *ombihus* e os preconceitos com relação à criança?

Em nossa época, começa-se a querer seriamente atenuar esses sofrimentos: querem transformar a educação, construir escolas mais saudáveis e mais belas, escolas modernas. Mas tudo gira sempre em torno da mesma imagem da criança incompreendida, deformada pelo *ombihus*, que nos impede de vê-la tal como é em si mesma.

3 | As "nebulosas"

O homem e o animal

Quando refletimos logicamente, o recém-nascido humano se revela, do ponto de vista da hereditariedade, muito diferente dos recém-nascidos dos outros mamíferos.

Os filhotes dos mamíferos, como os de todos os animais, herdam um comportamento específico que é fixo, como são fixas as características morfológicas de seus corpos. Seu corpo é exatamente adaptado ao uso que farão dele de acordo com funções fixas, próprias da espécie. Assim, por exemplo, os comportamentos, as maneiras de se mover, de saltar, de correr, de escalar, são determinados nos animais desde o nascimento. Em conseqüência, sua adaptação ao ambiente depende unicamente da possibilidade ou da maneira de exercer suas funções características, que, aliás, têm por objetivo não apenas manter a espécie, mas também contribuir para o funcionamento do conjunto da natureza (função cósmica). Quer o animal salte, corra, voe, escale ou escave a terra, suas patas são adaptadas aos seus objetivos. Mesmo a ferocidade ou a necessidade de devorar cadáveres ou mesmo o lixo contribuem para a ordem cósmica sobre a Terra. Enfim, o corpo dos animais de cada espécie, por sua rigidez ou flexibilidade, foi construído para a realização do "objetivo cósmico" que lhe compete. São poucas as espécies dotadas da possibilidade de se modificarem por adaptações inatas, e todas estas foram domesticadas pelo homem. A quase totalidade dos animais conserva, ao contrário, uma absoluta rigidez em seus caracteres hereditários, e não podem ser domesticados.

O homem, por sua vez, tem um poder ilimitado de adaptação: pode viver sob todas as latitudes e adotar inumeráveis modos de viver e de trabalhar. O gênero humano é a única espécie capaz de uma evolução indefinida de suas atividades no mundo exterior, o que permite o desenvolvimento da civilização. É verdadeiramente uma espécie que, por natureza, não é atrelada aos seus comportamentos, o inverso de todos os demais seres vivos. É, como dizia recentemente um biólogo, "uma espécie em estado de infância permanente", porque é capaz de um processo de desenvolvimento permanente.

Existe aí, então, uma primeira diferença entre o homem e os animais: a hereditariedade não lhe transmite um comportamento fixo.

Outra diferença flagrante: nenhum dos filhotes mamíferos é tão pacífico no nascimento quanto o bebê que é totalmente incapaz de reproduzir as características do adulto. Em muitas espécies, cabras, cavalos ou bovinos, por exemplo, o recém-nascido se sustenta quase imediatamente sobre suas patas e corre atrás de sua mãe durante o período de aleitamento.

Os próprios macacos, considerados os animais mais próximos do homem, revelam-se desde o nascimento fortes e inteligentes; agarram-se por si mesmos de maneira vigorosa ao corpo da mãe, que não precisa prendê-los em seus braços. A macaca trepa nas árvores com seu recém-nascido agarrado a seu corpo. Além disso, esse recém-nascido às vezes tenta fugir, e ela se esforça por recuperá-lo e mantê-lo próximo.

Ao contrário, a criança humana permanece passiva durante um longo período. Ela não fala, ao passo que todos os outros animais imediatamente dão pequenos guinchos, ou ladram, ou miam, reproduzindo hereditariamente os sons de uma linguagem fixa, limitada e própria da espécie. Todos os cães, de todas as raças, em todas as regiões do mundo, ladram; todos os gatos miam; todos os pássaros têm um gorjeio, um canto, uma linguagem específica, que faz parte das características de sua espécie.

O longo período de passividade e a incapacidade da criança são verdadeiramente exclusivos do homem. E numa idade em que o pequeno bovino já é capaz de se reproduzir, o pequeno homem ainda está num estado infantil bem distante da maturidade, e o bovino tem uma constituição fisiológica não menos complexa e teve que desenvolver um corpo muito mais pesado. Aqueles que estudam unicamente a evolução das formas do corpo e de seus órgãos, para deduzirem a filiação direta do homem em relação aos animais, não prestaram suficiente atenção às *diferenças* que se revelam nesta misteriosa característica que é a longa infância humana: quanto a isso permanece um vácuo que as teorias da evolução ainda não analisaram.

De fato, poderíamos considerar logicamente que o homem seja um macaco evoluído em função de longos esforços de adaptação a seu ambiente, e que esta evolução só se deveu a esses esforços, porque a semelhança entre o corpo do homem e o dos macacos é evidente. Os ossos da face e do crânio do homem primitivo são muito próximos aos de um primata e se parecem bastante: os membros, e o esqueleto de maneira geral, apresentam semelhanças surpreendentes. Aquele que pensa que o homem primitivo devia trepar nas árvores apenas insiste num lugar-comum espetacularmente explorado nos filmes sobre o Tarzan. No entanto, um aspecto da questão permanece inexplicável. Pode-se perfeitamente imaginar um homem primitivo, de tipo morfologicamente inferior, subindo nas árvores, mas não se pode admitir que ele tenha tido um recém-nascido que falaria, que se agarraria à sua mãe, que ficaria firme sobre seus pés e se poria a correr! De fato, dificilmente pode-se encontrar uma razão que teria imposto ao homem, que pouco a pouco evoluiu para tornar-se uma espécie superior, o *homo sapiens*, ver seu recém-nascido tornar-se passivo, mudo, pouco inteligente e incapaz durante anos de fazer aquilo que fazia num estágio precedente de evolução! Assim, portanto, uma das características verdadeiramente humanas, distintamente diferenciada, reside no recém-nascido.

Pouco importa que hoje não se possa explicá-lo. O fato está aí e nos permite deduzir que, se o recém-nascido do homem manifesta uma tão grave inferioridade em relação aos mamíferos, isso deve testemunhar uma função específica da qual os demais mamíferos sejam desprovidos.

E já que essa função não deriva da hereditariedade das formas infantis precedentes, ela constitui um caráter novo, surgido ao longo da evolução.

Esse caráter não se revela observando-se o homem adulto, mas apenas se reconhece como evidência na observação da criança.

Alguma *inovação* surgiu ao longo dos processos evolutivos que levaram à realização do homem, análoga ao surgimento das *novas* características nos répteis, que levou aos pássaros e aos mamíferos, a saber o sangue quente e o cuidado instintivo com os ovos, com os filhotes e, conseqüentemente, com a proteção da espécie. A verdadeira diferença entre os pássaros e os répteis não reside no desaparecimento de eventuais dentes no bico do *archaeopteryx* ou de uma longa linha de múltiplas vértebras, mas no amor dos pais que não existia antes, e que surgiu com a constância da temperatura do sangue. São inovações da evolução, e não apenas modificações.

A função da criança

A criança deve ter uma função especial que não consiste apenas em passar de seu pequeno porte para o de um adulto. Ela não possui "de nascença" todos os atributos do adulto, que teriam apenas que se desenvolver e fortificar para atingir a maturidade. De fato, se ela já possuísse no nascimento características fixas, como no caso das demais espécies, o homem não poderia adaptar-se a viver em climas tão variados, nem adotar comportamentos tão diferentes, nem fazer evoluir as formas de sua vida social, nem realizar trabalhos tão diversos.

É, portanto, diferente dos animais, no que se refere à hereditariedade. Evidentemente, ele não herda as *características*, mas a capacidade de formá-las. Portanto, é *após o nascimento* que as características próprias do povo a que a criança pertence são construídas.

Tomemos por exemplo a linguagem. É certo que o homem deve transmitir pela hereditariedade a capacidade, bem nova na história das espécies, de desenvolver uma linguagem ligada à sua inteligência e à necessidade de transmitir o pensamento num quadro de cooperação social. Mas o que existe nele, no nascimento, não é uma *linguagem particular*. O homem não começa a falar uma língua simplesmente desenvolvendo-se, como o cão que começa a latir, qualquer que seja a região onde ele se encontre, mesmo que esteja isolado de outros cães. A linguagem lhe chega pouco a pouco e se desenvolve precisamente durante o período de passividade e de inconsciência da primeira infância. É aos dois anos, dois anos e três meses, que a criança fala distintamente e reproduz com precisão a língua que falam os que estão à sua volta. Não é pela hereditariedade que ela reproduz a linguagem de seu pai e de sua mãe: se uma criança é afastada de seus pais e de seu povo e enviada a outro país em que se fale outra língua, ela começa a falar a língua do local onde se encontra.

Um recém-nascido italiano enviado aos Estados Unidos falará inglês com sotaque americano e não saberá italiano. É então a própria a criança que conquista a linguagem e, quando não a adquire, permanece *muda*, diferente dos demais animais. A partir dos raros testemunhos de que dispomos, as crianças que foram encontradas abandonadas nas florestas, depois de terem sobrevivido excepcionalmente no meio de animais selvagens, eram *mudas* no momento em que foram encontradas, entre os doze e os dezesseis anos. Nenhuma delas reproduzia os gritos dos animais entre os quais tinham vivido, e pelos quais foram, de certa maneira, adotadas. A famosa criança selvagem de Aveyron era muda.[5] Encontrada nas florestas dessa região com cerca de doze anos, foi educada pelo célebre médico francês Itard, que, durante experiências interessantes, descobriu que a criança não era surda nem incapaz de falar: aprendeu posteriormente a conversar em francês e depois a ler nessa língua. Ela não era surda-muda como parecia; simplesmente vivera longe dos homens, longe de pessoas que falassem.

---

5   Victor de Aveyron (c. 1788–1828), encontrado em 1798 — NE.

A linguagem, então, se elabora totalmente na própria criança. A criança a desenvolve naturalmente, pois recebeu essa capacidade hereditariamente. Mas ela a desenvolve por si mesma tomando-a de seu ambiente. Nada é mais interessante que os estudos psicológicos recentes desenvolvidos através de observações precisas sobre o desenvolvimento da linguagem nas crianças.

As crianças absorvem inconscientemente a língua de seu entorno sob uma forma gramatical e, embora pareçam passivas durante um longo período de tempo, de repente (ou mais exatamente ao final dos dois anos e três meses) elas testemunham um fenômeno quase de explosão de uma linguagem já formada. Houve, então, um desenvolvimento *interno* durante um longo período, no qual o bebê era incapaz de se exprimir. Ele elaborava, nos mistérios de seu inconsciente, toda a linguagem, com as regras que colocam as palavras na ordem gramatical adequada à expressão de um pensamento. Isso as crianças o fazem em todas as línguas existentes. Desde as mais simples, como os idiomas de algumas tribos africanas, às mais complexas, como o alemão ou o russo, todas são absorvidas pelas crianças durante exatamente o mesmo período de tempo: em todas as populações do mundo, a criança começa a falar em torno dos dois anos. Isso aconteceu certamente até mesmo no passado. As crianças romanas falavam a língua latina, tão complicada por conta de seus casos e declinações, que os jovens de nosso tempo fazendo estudos superiores têm dificuldade em aprender. Na Índia, as criancinhas falavam o sânscrito, que é de uma dificuldade quase inacessível para os estudantes de hoje.

O tâmil, falado no sul da Índia, é uma língua muito difícil para nós pelo fato de seus sons e de suas acentuações serem quase imperceptíveis. Pode-se modificar o sentido de uma frase apenas elevando ou abaixando o tom da voz. No entanto, os pequeninos de dois anos, nos vilarejos e desertos da Índia, falam o tâmil.

Uma das grandes dificuldades para quem aprende o italiano é lembrar-se do gênero masculino ou feminino das palavras: além de isso não obedecer a uma regra, algumas palavras podem ser masculinas no singular e femininas no plural ou vice-versa. É por isso que é praticamente impossível a um estrangeiro não cometer erros. No entanto, as crianças nas ruas, iletradas, jamais se enganam e riem dos erros dos estrangeiros. Acontece de estrangeiros dotados, versados na língua italiana e conhecendo suas regras e sua pronúncia, ficarem convencidos de falar como um Italiano, e mesmo assim escutarem: "Você tem um sotaque estrangeiro; de que nacionalidade é?".

A língua absorvida durante a primeira infância é evidente e inimitável: é a "língua materna". Ela pertence tanto às pessoas incultas como às pessoas cultas. Para todo homem, é uma língua única: ele domina a pronúncia dos diferentes sons, as entonações de voz e a organização das palavras ditada pela gramática. Ela é característica da origem de uma nação ou de uma etnia, assim como a cor da pele ou a morfologia do corpo.

Como se fixaram essas diferentes línguas? Como se elaboram durante uma infinidade de gerações? Como evoluíram através do pensamento dos homens? Certamente não porque a criança nisso tivesse prestado uma atenção consciente, nem pelo fato de uma pesquisa intelectual. O homem tem por característica a faculdade de poder falar; mas não é por hereditariedade que se faz a transmissão de determinada língua. O que herdamos, então?

Poderíamos usar a imagem das nebulosas na origem dos astros. São aglomerados quase inconsistentes de gás, de realidades impalpáveis que, no entanto, pouco a pouco, se solidificam e se transformam para se transformarem em estrelas e planetas.

Se, para seguir essa imagem, supuséssemos uma hereditariedade da linguagem, tratar-se-ia de algo como uma *nebulosa*, inconsistente e muda, sem a qual todavia não haveria qualquer possibilidade de desenvolver qualquer linguagem. As nebulosas seriam potencialidades misteriosas comparáveis às dos genes que se encontram em nossas células, que têm a capacidade de direcionar a formação de tecidos de maneira a formarem órgãos complexos com tecidos diferenciados.

O embrião espiritual

A criança, com psiquismo aparentemente passivo, não seria um *embrião* em que se desenvolvem os órgãos e os poderes psíquicos do homem? Um embrião onde existem apenas nebulosas, tendo a capacidade de se desenvolver espontaneamente, mas apenas *apoderando-se do ambiente*, ambiente tão variado no decorrer de todas as formas de civilização. Eis porque o embrião humano deve *nascer* antes para a seguir concluir-se e desenvolver-se: suas potencialidades devem ser estimuladas pelo ambiente.

As "influências exteriores" são numerosas, como no caso do desenvolvimento corporal, onde os processos dependem dos genes, que por sua vez são influenciados, dentre outras coisas, pelos hormônios.

No embrião espiritual, existem *sensibilidades* diretoras. No caso da linguagem, por exemplo, destacamos, durante exames sensoriais, que a audição parece ser o sentido menos desenvolvido nas primeiras semanas da existência. No entanto, é por esse canal que devem ser colhidos os sons mais delicados da fala. Deve-se então concluir que o ouvido permite uma *audição* que não apenas é uma percepção: ela é guiada por sensibilidades específicas a recolher, no ambiente, precisamente os sons das palavras. Estes não são apenas escutados: eles provocam reações motoras nas fibras delicadas das cordas vocais, da língua e dos lábios que, em meio a tantos outros músculos, encontram-se estimulados para reproduzi-los. Entretanto, esses processos não conduzem a uma expressão imediata, mas são armazenados na espera do momento em que a linguagem nascerá. Há aí um mecanismo análogo ao da criança que, durante sua vida intra-uterina, é formada sem funcionar por si mesma, para depois, num determinado momento, nascer e de repente começar a funcionar.

Essas são apenas suposições, mas é fato que desenvolvimentos internos *dirigidos* por energias criativas ocorrem, e que esses desenvolvimentos podem atingir a maturidade antes de se manifestarem no exterior. E no momento em que se exteriorizam, revelam-se caracteres construídos para fazerem parte da individualidade.

O espírito absorvente

Incontestavelmente, esses processos complexos não seguem os processos de funcionamento que serão estabelecidos no adulto:

a criança não aprende a falar como nós podemos aprender uma língua estrangeira, graças ao esforço consciente e voluntário das faculdades mentais. Entretanto, ela cria uma construção estável, exata, surpreendente, análoga à construção embrionária dos órgãos no organismo em gestação. Existe, portanto, no pequenino, um estado mental inconsciente, criativo, que nós chamamos de "espírito absorvente". Esse espírito absorvente constrói-se não graças a esforços voluntários, mas guiado por "sensibilidades internas" que chamamos de "períodos sensíveis", porque essas sensibilidades são apenas temporárias, mantendo-se apenas o tempo necessário para que a natureza complete sua obra.

Numa criança, se a nebulosa da língua encontra obstáculos para seu desenvolvimento e se as sensibilidades auditivas construtivas não funcionam, ela pode tornar-se um surdo-mudo mesmo dispondo de órgãos da audição e da fala perfeitamente normais.

Visivelmente, a "criação" psíquica do homem deve conter algum segredo. Se nós, adultos, aprendemos dedicando todos os nossos esforços de atenção, de vontade e de inteligência, como a criança, que ainda não é dotada de inteligência, de vontade e de atenção, pode levar a bom termo esse imenso trabalho de construção? É evidente que se trata de um espírito cujas capacidades são muito diferentes das nossas. Sendo assim, deve existir no inconsciente um modo de funcionamento psíquico diferente daquele do espírito consciente.

A linguagem é o exemplo que pode melhor nos esclarecer sobre essas diferenças de funcionamento mental, porque se presta a um estudo refinado pela observação direta.

O espírito inconsciente não encontra as diversas dificuldades que nós, adultos, experimentamos para aprender uma língua complicada ou mesmo uma língua simples. Evidentemente, como não há dificuldades, não há desenvolvimentos graduais que seriam relativos às dificuldades. A *totalidade* é apreendida em bloco num mesmo período de tempo. Esse gênero de aquisição não pode ser comparado aos esforços de *memorização* que fazemos, nem está submetido à fragilidade de nossa memória, que permite fugirem facilmente suas conquistas voláteis. É porque a língua conquistada durante o período inconsciente imprime-se de maneira indelével e se torna uma *característica* que o adulto encontra fixada em si. Nenhuma das línguas vai se tornar uma característica; nenhuma será possuída assim de forma tão segura.

Acontece o inverso quando aprendemos uma língua com nosso espírito consciente. Evidentemente, é muito fácil aprender uma língua primitiva, com gramática simples, como certos idiomas de populações da África Central, que os missionários aprenderam no curso de suas viagens pelo mar e pelo deserto a fim de chegarem ao destino. Ao contrário, é difícil aprender línguas complexas como o latim, o alemão ou o sânscrito, que os estudantes levam quatro, cinco, até oito anos para aprender sem chegarem jamais a conhecê-las perfeitamente. Não se consegue jamais aprender totalmente uma língua viva estrangeira: erros de gramática ou um "sotaque estrangeiro" sempre revelam não ser a língua materna daquele que fala. E mais ainda, se não trabalhamos continuamente uma língua estrangeira, nós facilmente a esquecemos.

A língua materna não é confiada à memória consciente, mas está depositada numa memória diferente, semelhante àquela que os psicólogos modernos, os biólogos ou os psicanalistas chamam de *mneme* ou "memória da vida", que retém as formas transmitidas pela hereditariedade, através do tempo infinito, e é considerada como um "poder vital".

Talvez uma analogia possa esclarecer essa diferença. Comparemos uma fotografia e uma representação gráfica feita à mão por alguém que nisso põe toda sua inteligência, quer se trate de escrita, de desenho ou de pintura. A película de uma câmera fotográfica recolhe em um instante todos os raios luminosos que nela tocaram. A operação é a mesma qualquer que seja o tema, floresta ou árvore isolada, grupo de pessoas num cenário ou simplesmente um rosto sobre fundo neutro. Qualquer que seja a complexidade do tema, a foto é feita da mesma maneira, em um instante, durante o qual o diafragma se abre para permitir que os raios luminosos penetrem no aparelho até à película. Se desejamos fotografar a capa de um livro, que contém apenas o título da obra, ou então uma página interior, coberta por uma escrita fina, o processo e o resultado são os mesmos.

Ao contrário, se desejamos fazer um desenho à mão, a tarefa é mais ou menos árdua e trabalhosa e o tempo necessário bem diferente caso se trate de reproduzir o perfil de um rosto ou uma pessoa inteira, ou um grupo de pessoas, ou ainda uma paisagem. Pelo contrário, mesmo desejando-o, o desenho jamais reproduz todos os detalhes; por isso, para obter um documento sobre um tema ou sobre a posição de um corpo, é necessária uma foto, e não um desenho. A reprodução à mão do título de um livro é mais fácil que a de uma página escrita. Enfim, vê-se o objeto aparecer lentamente à medida que avança o trabalho progressivo da mão.

Já a câmera permanece a mesma depois de tirar a foto, e nada se vê da imagem que ela detém. É preciso retirar o filme num lugar escuro, expô-lo a reagentes químicos, fixando a imagem sob a luz que o produziu. Quando a imagem está fixada, pode-se lavar o filme e expô-lo à luz, porque a partir de então ela é indelével. Ela reproduz todas as particularidades do objeto fotografado.

Parece que o espírito absorvente age de maneira análoga: as imagens devem permanecer fechadas na obscuridade do inconsciente e serem fixadas por uma sensibilidade misteriosa, sem que nada apareça ao exterior. Depois, logo que o maravilhoso fenômeno se completa, a aquisição criativa pode ser tratada no exterior, à luz da consciência, porque está fixada de forma indelével, com todas as suas peculiaridades. No caso da linguagem, a manifestação explode um pouco após os dois anos, e encontram-se, em seus devidos lugares, as particularidades dos sons, dos prefixos e dos sufixos das palavras, das declinações, da conjugação dos verbos e da construção sintática. É a língua materna indelével, característica étnica.

O espírito absorvente! Maravilhoso dom da humanidade!

Sem esforço, simplesmente "vivendo", o indivíduo absorve do ambiente uma realidade da cultura tão complexa como a linguagem.

Caso este modo de funcionamento permanecesse no adulto, como os estudos seriam fáceis! Imaginem se fôssemos a um outro mundo, digamos a um outro planeta, e que lá encontrássemos homens que, simplesmente, passando e vivendo, absorvessem todas as ciências sem estudá-las, adquirindo competências sem terem que fazer esforços! Nós diríamos: "É extraordinário! Como essas pessoas têm sorte!". Pois bem, essa maneira fantástica de o espírito funcionar existe efetivamente: no espírito das crianças. É um fenômeno que permanece escondido nos mistérios do inconsciente criativo.

Eis então o que acontece com a linguagem, essa construção dos sons talhados pelos homens durante séculos e milênios de esforços intelectuais para aprimorar a expressão do pensamento. Havendo admitindo isso, é fácil reconhecer que as características psíquicas devem se fixar, na criança, de maneira semelhante. Por "características psíquicas" eu entendo tudo o que diferencia os povos uns dos outros, a saber, costumes, preconceitos, sentimentos e, em geral, todas as características que sentimos "encarnadas" em nós, independentemente de nós, apesar das modificações que nossa inteligência, a lógica e a razão desejariam fazer. Um dia eu ouvi Gandhi dizer: "Eu poderia aprovar e seguir numerosos costumes dos povos do Ocidente, mas jamais poderia suprimir minha veneração pela vaca". Muitas pessoas poderiam dizer: "Sim, para a lógica minha religião é absurda, mas eu guardo, apesar de tudo, uma necessidade misteriosa de devoção pelos objetos sagrados e de retorno a eles para viver". Os tabus se imprimem nos seres humanos no momento que estes crescem e, mesmo que se tornem doutores em filosofia, eles não conseguem apagá-los. A criança reconstrói verdadeiramente as características dos homens que a cercam, reproduzindo-as em si mesma, como uma espécie de mimetismo psíquico. É assim que, desenvolvendo-se, ela se torna não apenas um *homem* mas *um homem de seu povo*.

Com essa descrição nós atingimos um segredo psíquico de importância vital para a humanidade: o da adaptação.

A *adaptação*

Se seguimos as teorias da evolução, a adaptação terminaria por criar os "caracteres das espécies", que fazem com que se diferenciem umas das outras, até que sejam fixados e transmitidos, inalteráveis, por hereditariedade.

Quanto ao homem, que deve adaptar-se a todas as condições e circunstâncias de seu ambiente, e cujos costumes jamais se fixam porque ele evolui constantemente pela via histórica da civilização, é muito necessário que ele tenha uma "capacidade de adaptação" rápida, situando-se, não no nível da hereditariedade, mas no campo psíquico. Ora, essa adaptação — demonstrada pelo fato de encontrarmos homens em todas as regiões do globo, sob todas as latitudes, desde o nível do mar até as altas montanhas — não é própria do adulto. O adulto não se adapta facilmente, ou melhor, assim que nele são fixados os caracteres de seu povo, ele só vive *bem* em sua região e só vive *feliz* quando é colocado num meio portador dos caracteres que estão fixados nele.

Para se adaptar, o adulto que emigra e vai habitar em meio a um povo com cultura diferente deve fazer um *esforço* geralmente penoso. Os exploradores são heróis, e os que vivem longe das regiões onde nasceram são exilados.

Aquele que está adaptado só é feliz nas condições fixadas para o seu grupo étnico. O esquimó sente atração pelas extensões geladas, enquanto o etíope é atraído pelas florestas; aquele que viveu às margens do mar é fascinado pelo oceano, enquanto que os povos do deserto se fascinam pelas imensas extensões áridas. Aquele, pelo contrário, que *não está adaptado* às novas condições de vida, tem que se esforçar para aceitá-las. Os missionários não consideram suas vidas como um sacrifício?

A criança é o instrumento de adaptação que faz com que cada um ame seu próprio canto de terra e fique preso aos costumes de seu povo. Por esta mesma razão, é ela que permite a passagem de um vasto estado de civilização a um outro. Todo homem está, a princípio, adaptado a seu tempo e se sente bem em sua época. Assim como nós não saberíamos adaptarmo-nos ao modo de vida social de dez mil anos atrás, o homem que vivia nessa época remota, que não dispunha de máquinas nem de meios de comunicação rápidos, não poderia viver em meio ao alarido e às transformações rápidas de nosso ambiente atual. Ele ficaria aterrorizado pelas maravilhas realizadas graças às descobertas do homem, já que nós estamos à vontade nesse contexto que nos oferece, como dizemos, o *conforto*.

O mecanismo é muito simples e claro: a criança encarna em si o ambiente em que está mergulhada, e ela constrói em si o homem adaptado, capaz de viver nele. Para atingir essa função, ela vive um período embrionário, que é específico do homem, e o vive de maneira escondida, dando a impressão de que é um ser virgem e passivo.

Foi apenas após o primeiro decênio de nosso século que se começou a estudar a criança.[6] Todos os que se dedicaram a esses estudos chegaram à conclusão de que os dois primeiros anos da vida são os mais importantes, porque é durante eles que se realizam os desenvolvimentos fundamentais que caracterizam a personalidade humana. O recém-nascido não tem nenhuma das capacidades do adulto, sequer a de se movimentar; a criança de dois anos fala, corre, compreende e reconhece os objetos de seu ambiente. Depois, a infância se prolonga pela idade dos jogos que lhe permitem organizar suas criações inconscientes e de tomar consciência delas em seu íntimo.

A vida se divide em períodos bem distintos. Cada período desenvolve propriedades diferentes cuja construção é guiada por leis da natureza.

Caso essas leis não sejam respeitadas, a construção do indivíduo pode ser anormal, talvez monstruosa. Mas se cuidamos delas, com a preocupação de descobrir e de consolidar as leis do desenvolvimento, então podem manifestar-se caracteres ainda desconhecidos e surpreendentes, nos quais poderemos entrever as funções internas misteriosas que dirigem a criação psíquica do homem.

A criança tem grandes capacidades das quais ainda não sabemos tirar partido.

Em nossa civilização atual, um dos perigos mais ameaçadores é o de ir, na educação da criança, *de encontro às leis* de seu desenvolvimento e de asfixiá-la ou deformá-la em função dos erros de preconceitos correntes.

O contato com o mundo

Uma conclusão lógica se impõe: se a criança, desde o nascimento, deve criar apoderando-se de seu ambiente, é preciso que ela seja

---

[6] Lembremos que Dra. Montessori se refere ao início do século XX — NT.

colocada em contato com o *mundo*, com a vida exterior dos homens. É necessário que ela participe, ou melhor, assista à vida dos adultos. Se ela tem por tarefa encarnar a língua de seu povo, é importante que ela escute os homens falarem, que ela assista a suas conversas. Se é a ela que incumbe a adaptação ao ambiente, é preciso que ela participe da vida pública, seja testemunha dos costumes que caracterizam seu povo.

Que estranha e impressionante conclusão! Se a criança fica fechàda em creches, subtraída à vida social, ela será então reprimida, diminuída e finalmente ficará anormal, *incapaz* de se adaptar por terem lhe subtraído os meios que lhe são necessários para concluir sua grande função!

Essa criança que não fala e não se desloca deve, portanto, ser colocada em contato com a sociedade, levada às manifestações públicas para que participe da vida dos adultos. Mas quem terá a coragem de ousar afirmá-lo e de tentar uma revolução tão radical diante de nossos preconceitos modernos?

Atualmente, apesar de se dispensar às crianças tantos cuidados de higiene e de nos preocuparmos com seu repouso a ponto de condená-las a dormir quase constantemente, vê-se multiplicar o número de crianças ou de jovens difíceis, retardados, despidos de personalidade e de coragem, que se exprimem mal, hesitam, interrompem-se, mesmo gaguejam; vê-se cada vez mais desequilíbrios, crianças sofrendo de perturbações psíquicas que paralisam suas vidas sociais. No entanto, mesmo diante da evidência desse espetáculo aflitivo, a proposta de multiplicar os contatos da criança com os adultos geraria perplexidade. Todos diriam: "Certamente a situação não é saudável, mas sua proposta é absurda".

Recorramos, então, à natureza, porque, se a função do recém-nascido é aquela que falamos, a natureza deve ter organizado a proteção da criança e de sua função vital indispensável à sociedade.

Ora, num modo de vida natural e primitivo constata-se que é exatamente isso que acontece: o "embrião espiritual", que deve apoderar-se de seu ambiente para preparar sua adaptação e construir nele os caracteres próprios de seu povo, participa sempre na vida social dos adultos. A mãe carrega seu pequenino nos braços e o leva para toda parte aonde vai. A camponesa que vai trabalhar leva seu bebê; a mulher que vai fazer suas compras no mercado, vai à igreja, fala com seus vizinhos, tem sempre seu bebê junto de si.

O *aleitamento* é o laço que mantém o embrião espiritual ligado à sua mãe. Este é um fato geral em todos os povos. O que difere é somente a forma como as mães levam sua criança de modo a manter as mãos livres para trabalhar; isso é característico dos costumes de diversas populações. A mãe esquimó carrega seu bebê nas costas, a japonesa o fixa em seus ombros, a indiana o carrega no quadril; outras mães também o carregam sobre a cabeça. Assim, as mães cumprem uma segunda função natural, uma função de ordem psíquica. Elas são, certamente, inconscientes de realizar um ato necessário à saúde do gênero humano. A mãe nada tem de uma "revolucionária da educação". Ela não se vê no papel de uma professora, encarregada de cuidar e de instruir a criança. Não, para ela, trata-se simplesmente de um meio para transportá-la. Para ela, como para todos, a criança é um ser virgem, mudo e incapaz de inteligência e de movimento. Mas aí existe uma astúcia providencial da natureza. Porque o que retém a atenção da mãe não interessa à criança, enquanto ela observa as coisas que fogem ao olhar da mãe.

Observemos o que acontece na multidão, num mercado de uma aldeia africana, por exemplo, onde se encontram animais e toda sorte de objetos, de frutas, de tecidos, e onde as pessoas discutem seus negócios. Vê-se aí o bebê, a criança embrionária, olhar as inúmeras coisas com uma fixação estranha que testemunha seu interesse. Ela olha o *ambiente* sob seus diferentes aspectos, enquanto a mãe faz suas compras e fala com as pessoas. O *mundo*, o ambiente em seu conjunto, escapa à mãe, mas não à criança. A mãe olha as frutas que quer comprar; a criança se interessa pelos movimentos de um cão ou de um burrico. Os centros de interesse da mãe e da criança são diferentes e completamente independentes. Além disso, o pequenino está preso à sua mãe de forma que seu olhar seja orientado para uma direção oposta ao dela. Na maioria das vezes, as pessoas que a mãe encontra dizem algumas palavras amáveis sobre o bebê, e lhe dão, involuntariamente, repetidas lições de linguagem.

Nas povoações primitivas, o aleitamento dura muito tempo, mais de um ano, por vezes até dois anos. Em todo esse período importante da vida, a criança faz a conquista de seu ambiente. Em realidade, o corpo da criança não precisa de fato do leite de sua mãe durante um período tão longo; o aleitamento não é mais necessário, mas a mãe, guiada por um instinto de amor, não quer se separar de sua criança e continua a carregá-la, apesar de seu peso ser certamente maior.

Um missionário francês, que estudou especialmente os costumes dos bantus da África Central, notou que as mães não tinham mesmo a idéia de separarem-se de suas crianças. Elas se consideravam quase como que formando um só corpo; a criança continua a fazer parte da mãe. Tendo assistido a um coroamento real solene, esse missionário viu a rainha chegar com seu filho nos braços, e receber as honras soberanas mantendo-o preso a ela. Ele também se surpreendeu com o fato de as mulheres bantus poderem prolongar tanto o aleitamento. Dura, em geral, dois anos inteiros, o período que tanto interessa, atualmente, aos nossos psicólogos modernos.

Esses testemunhos naturais certamente não devem ser considerados revolucionários. Mas nós os vemos com admiração, e temos a tendência a atribuir o mérito desses costumes ao caráter tranqüilo dessas crianças, que não têm dificuldades nem "problemas" como as nossas. O segredo é simples e está contido em duas palavras: leite e amor.

A natureza, em sua sabedoria, deve nos servir de base para construir uma supernatureza ainda mais perfeita. É certo que o progresso deve ultrapassar a natureza e tomar formas diferentes, mas ele não pode avançar sacrificando-a.

Essas indicações são breves, mas têm o mérito de abrir um caminho concreto para pôr em prática essa afirmação geral que começa a invadir nosso mundo científico: "A educação deve começar desde o nascimento".

Conclusões

O homem não é um organismo puramente vegetativo que vive apenas de alimentos materiais, nem está destinado a se satisfazer com emoções sensuais. O homem é um ser superior dotado de inteligência, e tem uma grande missão a cumprir sobre a Terra: transformá-la, conquistá-la, utilizá-la, construindo um *novo mundo* maravilhoso, que ultrapassa todas as maravilhas da natureza e se sobrepõe a elas. É o homem que cria a civilização. Seus membros foram feitos para o trabalho e este é ilimitado. Desde sua aparição sobre a Terra, o homem se mostra um trabalhador. Os mais antigos traços do homem sobre a Terra são as pedras talhadas por sua mão, em função de objetivos que se multiplicariam e diversificariam ao infinito. Ele se tornou senhor de todos os seres vivos, de todas as substâncias e energias que se espalham pelo universo. Parece, pois, "natural ao homem" que a criança comece a absorção de seu ambiente e execute seu desenvolvimento pelo trabalho, pelas experiências progressivas no ambiente à sua volta. É através da absorção inconsciente, e depois pela atividade sobre as coisas exteriores que ela alimenta e desenvolve sua especificidade humana. Ela se constrói e forma suas características humanas alimentando seu espírito.

Se apenas nos preocupássemos com o crescimento corporal da criança, seu espírito estaria condenado a uma *fome* insaciável e sofreria graves desordens causadas por sua "nutrição psíquica". Nenhum ser humano se desenvolveria normalmente. Poucas pessoas já descobriram que as perturbações psíquicas, de que sofrem hoje algumas crianças desde os primeiros anos de suas vidas, são devidas a duas coisas: "desnutrição mental" e "falta de atividade inteligente espontânea". Elas são devidas a uma repressão das energias vitais destinadas a desenvolver o psiquismo do homem e a uma rejeição das leis que devem guiar passo a passo o seu crescimento.

O mundo civilizado torna-se um imenso campo de concentração no qual todos os jovens seres humanos que chegam à Terra são relegados e escravizados, privados de seu valor, exterminados em suas pulsões criativas, subtraídos das estimulações vivificantes às quais todo homem tem direito de receber dos que o amam.

A partir dessa constatação, podemos precisar os objetivos a seguir: é preciso *criar uma nova educação que comece no nascimento. É necessário reconstruir a educação fundamentando-a*

nas leis na natureza, e não sobre idéias preconcebidas e sobre os preconceitos dos homens.
A educação atual não se fundamenta nem mesmo na ciência. Eis porque, atualmente, os pequeninos são submetidos "desde o nascimento" a um tratamento que se apóia apenas sobre o que a higiene crê que deve prescrever: "boa" alimentação, se possível artificial, o que facilita o distanciamento da mãe, que acharia conveniente não ter mais leite; isolamento num berçário em que a criança é confiada a uma desconhecida e privada do amor materno; condenação a dormir na escuridão artificial de um quarto que a isola da luz do dia. Quando levada para o exterior, a criança é colocada num carrinho coberto de maneira que não veja coisa alguma. A criança só tem sob seus olhos a babá, que é uma espécie de enfermeira, geralmente idosa, porque se supõe que as pessoas de idades maduras têm mais experiência no cuidado de crianças. A criança ignora o que é o cuidado amoroso de uma bela e jovem mãe. Nós a reduzimos a uma vida vegetativa, e os pediatras e os psicanalistas ousam forçosamente dizer que ela é apenas um "tubo digestivo". O silêncio necessário ao sono substitui os sons das vozes humanas. É claro que esse "tubo digestivo" é bem estudado: mede-se em quantidade e em qualidade os alimentos cuja administração é estritamente regulada, e é pesado regularmente para acompanhar seu crescimento. Mas os carinhos, a manipulação delicada dos membros, sugeridos pelo instinto maternal, foram suprimidos, e é todavia a natureza que os inspira. São estimulações para a vida, apelos à consciência, ou delicadas massagens preparando os músculos ainda passivos para um exercício útil num momento em que os movimentos voluntários ainda não se desenvolveram.

Coisa verdadeiramente estranha! As pessoas têm medo de que os carinhos físicos da mãe sejam perigosos e indecentes por poderem despertar o inconsciente sexual desse que acaba de vir ao mundo! Por isso expõem-se as crianças ao perigo de perderem suas personalidades, suas capacidades de adaptação e de orientação nesse mundo complicado aonde acabaram de chegar.

É urgente que a sociedade desperte, tome consciência de erros tão profundos, liberte esses prisioneiros da civilização e prepare um *mundo* adaptado a suas necessidades supremas, que são de ordem psíquica. Para a reestruturação da sociedade, uma das tarefas mais urgentes é a reforma da educação, que se deve fazer dando às crianças um ambiente adaptado à sua vida. O ambiente fundamental é o mundo. Os ambientes imediatos, tais como a família e a escola, devem permitir a satisfação das pulsões criativas que, guiadas pelas leis cósmicas, tendem ao aperfeiçoamento do ser humano.

Quando o conhecimento tiver substituído os preconceitos, surgirá "a criança superior", com suas capacidades deslumbrantes, que hoje estão escondidas; a criança destinada a formar uma humanidade capaz de compreender e de comandar a civilização atual.

A luta contra o analfabetismo, um problema mundial

O problema do analfabetismo ressurge hoje com uma intensidade nova como uma das questões da atualidade. Não se trata, como no passado, de compilar friamente estatísticas ou de fazer mapas do mundo mostrando o percentual de analfabetos em diferentes países da Europa e da América.

Desde a Segunda Guerra Mundial, o estudo dos problemas sociais não mais se detém nas fronteiras nacionais, ou mesmo nos limites dos continentes em que há uma unidade de população ou de civilização: as análises se estendem ao mundo inteiro.

Uma das conseqüências da guerra foi a entrada dos povos da Ásia na esfera do interesse dos ocidentais. Tem-se hoje bastante consciência de que o destino de todos os povos está ligado. Eventos históricos, tais como a independência da Índia e de outros países da Ásia, e a vontade firme desses países de contribuir para a educação, aliada a uma compreensão universal do interesse de todos os países, colocaram o analfabetismo na lista das grandes questões atuais. A persistência no mundo de centenas de milhares ou de milhões de analfabetos, ainda que se espalhem por todos os continentes os produtos e as ferramentas da civilização mecânica, cria um contraste gritante entre a rapidez do progresso material e a lentidão do progresso moral dos homens, e um desequilíbrio na estatística mundial. A UNESCO, que se dedica à educação como meio concreto para estabelecer uma melhor harmonia entre os povos, escolheu como prioridade a luta contra o analfabetismo.

O problema da educação não é certamente o do analfabetismo, mas sim um outro problema: a educação se dedica à formação espiritual e à elevação intelectual da humanidade, para adaptá-la às novas condições sociais desse "mundo novo", no qual ela vegeta porque não está preparada para ele e do qual, em larga escala, ainda não tomou consciência. Mas a educação pode e deve *circular* graças à alfabetização, como os trens circulam graças à rede de vias férreas.

Eis porque, hoje, a Índia independente escolheu colocar na lista de suas metas mais urgentes a educação de sua população.

Caso a prioridade seja prover a alimentação de toda a população, ela será imediatamente seguida pela criação de escolas para as crianças e de instituições culturais para os adultos; os governos do mundo sentem que o analfabetismo é a questão fundamental a resolver.

Há um século e meio, os países da Europa e da América se defrontaram com o mesmo problema e decidiram que precisavam suprimir progressivamente o analfabetismo e a ignorância difundindo junto a suas populações a sigla que se chamou, em inglês, "os três R" — *reading, writing, reckoning* —, o que quer dizer a leitura, a escrita e o cálculo, mas principalmente a leitura e a escrita.

Essa vontade enfrentou grandes obstáculos, notadamente, pelo fato de não haver precedentes aos quais se referir. Inevitavelmente, numerosos erros foram cometidos. As novas nações da Ásia têm a oportunidade de evitar esses obstáculos e esses erros. Para elas, a experiência das nações ocidentais é de grande interesse: o caminho está traçado e elas podem avançar a passos largos em direção ao objetivo desejado.

Na Europa, os erros devidos à implementação — rápida, geral e sem modelo de referência — da educação de crianças recaíram sobre as crianças. Elas foram vítimas de uma forma de servidão sem precedente na história da humanidade.

Poucas pessoas sabem que o primeiro impulso desse esforço social colossal foi devido à revolução que deu início aos tempos modernos na Europa, marcados pelo início das grandes descobertas científicas e da utilização geral das máquinas.

A Revolução Francesa de 1789 viu produzir-se um fenômeno estranho: em meio à violência selvagem de uma insurreição popular, o próprio povo reclamou que entre os direitos do homem figurasse o de possuir o nível mais elevado da linguagem, ou seja, a escrita. Era uma exigência curiosa e sem precedentes. Ela nada tinha a ver com a reação contra o poder opressor que reduzia o povo à fome.

O povo não pedia apenas pão e trabalho, como fizeram depois, seguindo os ensinamentos de Marx. Ele não se contentava com exigir uma mudança das hierarquias sociais e do poder político. Reivindicava o direito de ser instruído para poder se beneficiar do artigo 11 da *Declaração dos direitos do homem e do cidadão*, adotada em 1791: "A livre comunicação dos pensamentos e das opiniões é um dos direitos mais preciosos do homem", logo, o direito de todo cidadão de falar, de escrever e de publicar livremente. Foi certamente uma das raras vezes em que, longe de solicitar a diminuição de seu trabalho, o povo reclamou uma conquista que supunha um esforço a ser despendido por cada um ao preço de um trabalho penoso.

Essa exigência se enraizava numa aspiração ainda mais importante que o desejo de romper as correntes da tirania. De fato, foram precisos apenas três anos para estabelecer o princípio de um novo sistema de relações sociais e para abater a monarquia, mas foi necessário um século para que o conhecimento da língua escrita fosse difundido para toda a população.

Mesmo que o grito de guerra da revolução tenha sido "liberdade", essa conquista não se realizou por uma libertação. Ao contrário, ela causou um constrangimento. A execução dessa obra concreta, tarefa colossal, não resultou por fim na destituição de uma monarquia que depenou o povo. Foi a conquista de uma outra: o primeiro imperador francês, Napoleão, protagonista da revolução, fortaleceu o povo e, para tornar impossível a volta das antigas situações, o conduziu de forma decisiva a uma vida nova.

Num passe de mágica, o povo francês se transformou numa espécie de onda que rompeu diques seculares. Sua época produziu a única conquista verdadeira, a que permanece até hoje: a elevação do nível intelectual de seu povo, de acordo com os direitos do homem.

Foi com o Código Napoleônico que a instrução obrigatória fez sua primeira aparição na legislação de uma nação. E pelo fato de Napoleão ter imposto seu código aos povos da Europa, esse princípio da obrigatoriedade da instrução conquistou não apenas a França, mas todo o império, sob a nuvem das terríveis destruições de suas guerras.

A instrução obrigatória foi instituída em inúmeros estados da Europa, depois na América, e assim começou, lenta e dificilmente, a imensa tarefa de eliminação do analfabetismo. Todas as nações civilizadas da época viriam a adotá-la.

A educação das massas abriu um novo capítulo da história humana, que segue e se expande. De fato, tratava-se de uma tarefa que implicava um trabalho mental de cada indivíduo, e esse trabalho foi confiado às crianças.

Nos primeiros anos do século XIX, a criança entrou para a história como agente do progresso da civilização, mas, ao mesmo tempo, se tornava uma vítima. A criança não conseguia entender, como o adulto, a necessidade dessa conquista essencial à vida social. Mobilizada até os seis anos de idade, a criança se ressentia do sofrimento da prisão e da escravidão que consistia em ser obrigada a aprender o alfabeto e a arte de escrever, algo árido e desagradável do que não podia perceber nem a importância nem as vantagens futuras. Sentada sobre bancos pesados de madeira, ameaçada por punições, ela aprendia sob coerção, com o preço da saúde de seu corpo frágil e mesmo do desenvolvimento de sua personalidade.

Foi sempre assim na triste história dos homens: todas as grandes conquistas foram obtidas pelo preço da escravidão. Tanto os grandes monumentos egípcios como a expansão marítima de Roma requereram o sacrifício de homens submetidos a chicotadas e ao fatigante trabalho de transporte de blocos de pedra ou de manejo dos remos. Foi também o caso dessa nova conquista, da elevação do nível intelectual da população. Para a conquista do uso universal da leitura e da escrita, a humanidade precisou de escravos, e esses escravos foram as crianças.

No início do século XX, começou um movimento a favor da melhoria das condições de vida dessas crianças condenadas aos "estudos forçados". Mas mesmo que tenhamos progredido nessa direção, a criança ainda está, hoje, longe de ser considerada digna de desfrutar em plenitude seus direitos naturais de homem.

Ainda não estamos suficientemente persuadidos de que a criança seja o homem *em potencial* e de que seu valor não se limite ao papel de servir à elevação do nível médio cultural da população, de servir aos objetivos nacionais, à sua função de fornecedor de vantagens práticas para a sociedade. Ela possui *seus próprios valores* e, se desejamos que a humanidade progrida, a criança deverá ser melhor conhecida, respeitada e ajudada. Por isso é que a humanidade permanecerá imperfeita como é hoje se se mantiverem as diferenças entre os níveis de desenvolvimento, os desequilíbrios e suas conseqüências, que a impedem de avançar na via do progresso. A sucessão dos acontecimentos funestos de nossa época o demonstra: é necessário e urgente favorecer o desenvolvimento dos dinamismos humanos para si mesmos.

Os países que decidem tornar a educação obrigatória podem tirar proveito das experiências anteriores e adotar um ponto de partida melhor. Não é mais necessário considerar a criança como um meio de progresso, como um escravo sobre cujos ombros repouse o peso do progresso da civilização. A educação deve começar por uma ajuda ao desenvolvimento da criança por si mesma, e só então a favorecer a elevação do nível cultural da população.

As necessidades da criança e a ajuda que lhe é necessária para viver devem ser a preocupação fundamental da educação moderna.

As "necessidades da criança" não são apenas as de sua vida corporal. As de sua inteligência e de sua personalidade como ser humano são ainda mais urgentes e mais importantes, porque a ignorância é bem mais nefasta ao homem que a má nutrição ou a pobreza.

Muitos pensam que respeitar as crianças e suas vidas psíquicas significa abandoná-las a si mesmas, mantê-las na passividade, quer dizer, não fazer com que trabalhem mentalmente. É totalmente o contrário! Quando se toma por base os dinamismos naturais ou, dito de outro modo, quando a educação segue a psicologia específica do desenvolvimento humano, permite-se não apenas um progresso rápido e largo da cultura, mas ainda um reforço da personalidade.

É sobre a ciência que se apóiam os progressos de nossa civilização; é, portanto, sobre ela que a própria educação deve basear-se.

A instrução obrigatória começa pela aprendizagem da leitura e da escrita. É o fundamento sobre o qual ela se baseia. No entanto, a leitura e a escrita são consideradas simplesmente como uma das numerosas matérias da instrução. Pelo contrário, é preciso distingui-las bem de todo o resto da cultura. A arte de escrever não é pura técnica; seu domínio representa a posse de uma forma superior da linguagem, vindo juntar-se à língua falada a linguagem natural, complementando-a e integrando-a.

A língua falada se desenvolve naturalmente em cada homem. Sem ela o homem seria um miserável, um anti-social, um surdo-mudo. A palavra é, com efeito, um dos caracteres que distinguem o homem dos animais. É um dom da natureza, doado apenas a ele. É a expressão de sua inteligência. Que interesse haveria na posse de tal inteligência se o homem não fosse capaz de transmitir seu pensamento e de compreender o dos outros? Sem a palavra, como poderia associar-se aos outros homens para atingir um objetivo comum, para executar um trabalho?

A palavra é um sopro que só pode atingir os ouvidos dos que estão próximos: é a razão pela qual os homens, desde a mais remota antigüidade, procuraram outros meios para transmitir para mais distante suas idéias e fixarem suas memórias. Inicialmente, o homem utilizou sinais gráficos, gravando-os nas paredes rochosas ou escrevendo-os sobre a pele de animais. A partir dessas primeiras tentativas e passando por numerosas transformações, chegou progressivamente à invenção do alfabeto. Que conquista importante! "Para o progresso da civilização", escreveu Diringer,

> essa conquista foi a maior e a mais importante de todas, porque ela permite religar as idéias do conjunto da humanidade através das eras e das gerações. Mas o alfabeto não alcança

apenas o desenvolvimento exterior; ele toca na natureza mesma do homem, porque completa a linguagem natural anexando a ela uma outra forma de expressão.[7]

Se o homem é superior aos outros animais, que não possuem a linguagem articulada, o homem capaz de ler e de escrever é superior aos que podem apenas falar. Só aquele que domina a escrita dispõe da linguagem requisitada pela cultura de nossa época. Por isso a linguagem escrita não pode ser considerada somente como um objeto de estudo, como um simples elemento da cultura, porque ela é nada menos que uma *característica do homem civilizado*.

Em nossa época, a civilização não pode progredir com homens que possuem apenas a linguagem falada, e portanto o analfabetismo tornou-se um obstáculo ao progresso.

Recebi recentemente informação sobre a China. Além dos movimentos de Chiang Kai-shek e dos comunistas, aparece em outro plano um terceiro, devido a um jovem que consagrou sua inteligência a simplificar a escrita chinesa. Ele responde a uma necessidade de seu país que ninguém ainda havia cumprido: a escrita chinesa atual necessita do conhecimento de ao menos nove mil sinais, e com ela é impossível vencer a ignorância das massas. Esse jovem reformador, sem lançar novas idéias ou novas formas de governo, nem melhorar as condições econômicas nem sequer fazer progredir a liberdade, conquistou na China uma grande popularidade e um grande prestígio.

Evidentemente é um grande benfeitor da população chinesa. Ele percebeu a necessidade de fazer parte do progresso do mundo, esse progresso que só é obtido pela elevação da personalidade humana. O povo chinês sente que seu primeiro direito, seu direito mais fundamental, é possuir as duas linguagens necessárias ao homem civilizado. As duas linguagens são o ponto de partida; depois vem a cultura.

Portanto é indispensável distinguir nas escolas, de um lado, a transmissão das duas linguagens, ligadas à formação do homem, e de outro a da cultura, que vem em segundo plano.

---

7 David Diringer, (1900–1975), lingüista e paleógrafo britânico — NT.

Nesse propósito, eu gostaria de compartilhar nossa experiência na educação das crianças, que pode revelar-se muito útil para aqueles que se dedicam à eliminação do analfabetismo: *a linguagem escrita pode ser adquirida por crianças de quatro anos bem mais facilmente que pelas de seis, idade em que geralmente começa a obrigatoriedade escolar.* Para aprender a escrever, as crianças de seis anos devem despender numerosos esforços ao menos por dois anos, enquanto que as crianças de quatro anos adquirem essa segunda linguagem em alguns meses.

Elas adquirem não apenas sem esforços e sem sofrimento, mas ainda com entusiasmo. Há mais ou menos quarenta anos, um fenômeno fez surgir em mim o desejo de consagrar minha vida à educação: a "explosão da escrita" nas crianças de quatro anos.

Este acontecimento, sobre o qual retornarei mais adiante, tem uma importância prática de imenso valor. Com efeito, se começamos o que chamamos de "educação obrigatória" com crianças de seis anos ainda analfabetas, elas vão se defrontar com graves dificuldades, já que esse período de aprendizagem da leitura e da escrita toma tempo e requer energia. Ele impõe às crianças um esforço mental árduo, que pode levar a um certo desgosto pelos estudos, ou até por toda instrução intelectual. Ele pode cortar o apetite do saber antes de ter trazido a mínima nutrição.

Ao contrário, se as crianças de seis anos já soubessem ler e escrever, a escola poderia começar logo a transmitir a cultura, facilmente e de maneira interessante, e fazer com que entrassem entusiasmadas no domínio dos estudos.

A diferença é fundamental.

As escolas verdadeiramente racionais e modernas, capazes de elevar o nível cultural da população, devem poder contar com as *novas crianças*: as que já possuem duas linguagens, as crianças do homem superior adaptado à vida de nosso tempo.

Todas as escolas sempre começam pelo ensino da leitura e da escrita. É uma abordagem lógica, pois a escrita fixa os conhecimentos humanos. Como a finalidade da escola é expandir os conhecimentos, é necessário às crianças os meios de tornar esses conhecimentos duráveis. Ler e escrever são as chaves que podem abrir imensas reservas do conhecimento humano, reunidos, fixados e acumulados nos livros, graças à arte da escrita.

Como foi dito anteriormente, é preciso distinguir a escrita, que por si mesma é uma arte, do conhecimento. A escrita se tornou acessível a todos pela invenção do alfabeto, que a simplificou ao ponto de colocá-la ao alcance das crianças. Tal invenção não apenas simplificou, mas igualmente humanizou a escrita, conectando diretamente a língua escrita à fala, complementando-a.

A língua falada é constituída de sons essencialmente distintos. Eles são em número limitado, porque dependem de combinações possíveis entre os diversos órgãos da voz, cujos limites são os mesmos para toda a humanidade. Em algumas línguas apenas se utilizam vinte e quatro emissões vocais essenciais, em outras mais, porém elas são sempre em número bem restrito. Em contrapartida, o número de combinações possíveis desses sons que formam as palavras é ilimitado ou quase. Pode-se enriquecer sem limites o vocabulário de uma língua; os dicionários não as contêm na totalidade, e nenhum poderia reunir todas as palavras que poderíamos formar utilizando as letras e as sílabas segundo as leis matemáticas das combinações e permutações.

A escrita alfabética consiste em representar por um sinal gráfico todos os sons que compõem uma palavra. Por isso esses sinais, as letras, são pouco numerosos, tão pouco numerosos quanto os sons elementares. Essa representação é perfeita nas línguas chamadas "fonéticas". Mas, de maneira mais ou menos perfeita, todas as línguas escritas estão baseadas nesse princípio simples. O fato de que todos os escritos alfabéticos não correspondam foneticamente à língua falada é uma dificuldade que resulta do fato de o alfabeto não ter sido completamente utilizado segundo sua significação; mas essa dificuldade poderia ser corrigida, o que facilitaria a escrita. É indubitável, aliás, que as línguas e suas transcrições continuam a evoluir e se aperfeiçoar.

Esta é a razão por que a aprendizagem da escrita deveria começar por uma análise dos sons elementares das palavras. É o caminho que deve ser adotado.

A escrita não deveria começar com o "silabário", esses livros escolares que sempre começam por oferecer sílabas e palavras impressas.

Na aprendizagem da escrita, dever-se-ia começar a utilizar o alfabeto servindo-se apenas dos sinais alfabéticos postos em relação direta com os sons representados.

Assim, suas combinações escritas poderiam derivar diretamente da linguagem falada, que já existe no espírito das crianças. Esse caminho é tão simples que ele pode conduzir à escrita como por mágica, porque os sinais alfabéticos em si mesmos são simples e fáceis de escrever, e seu pequeno número facilita a memorização.

Um raciocínio lógico conduz à seguinte conclusão: se esse caminho é usado, a escrita surge espontaneamente e permite a cada um representar imediatamente toda a linguagem falada que possui.

Com essa chave, o problema da aprendizagem da escrita estaria resolvido sem dificuldade. Ela não apenas só exigiria alguns meses, como a escrita poderia *desenvolver-se espontaneamente*, completando-se progressivamente à medida que o espírito se exercitasse nessa função.

Descobrir o alfabeto diretamente pela linguagem falada: eis a forma de atingir a arte da escrita seguindo uma *via interna*. Chegaríamos assim ao domínio da escrita pela análise das palavras que cada um já possui e pela atividade de seu próprio espírito, interessado por essa conquista mágica.

Se, ao contrário, aprende-se a escrita através de livros, nós a fazemos repousar sobre a leitura. E os livros propõem grupos de palavras arbitrariamente escolhidas, que é preciso descobrir e aprender, o que multiplica a dificuldade. Isso resulta numa linguagem separada: uma linguagem escrita tomada do exterior, vinda da leitura de sílabas e palavras sem interesse para a criança.

É como se se tentasse construir do exterior uma outra linguagem começando pelos sons e balbucios sem significado da criança em seu primeiro ano de existência, quer dizer, seguindo um caminho parecido com o que usa a natureza na construção da linguagem articulada em um novo ser humano ainda desprovido de inteligência e de atitude motora, como o homem ao nascer.

Se, ao contrário, descobre-se o alfabeto através da língua falada, o processo não passa de uma simples transposição de sinais gráficos da linguagem que já possuímos.

Nesse caso, cada palavra é conhecida e tem sempre um sentido para o espírito. A escrita progride porque parece interessante. A linguagem que possuímos torna-se assim dupla e se fixa de uma forma estável. Os olhos e a mão agem juntos sobre o tesouro que o ouvido e os órgãos vocais acumularam espontaneamente. Mas enquanto a linguagem falada não passa de um sopro que se esvai no espaço, a escrita se transforma num objeto permanente que fica fixado diante dos olhos e pode ser manipulado e estudado.

É por causa dessa relação direta com os sons das palavras que o alfabeto representa uma das maiores invenções da humanidade.

O alfabeto influenciou o progresso humano mais que qualquer outra invenção, porque modificou o próprio homem, dando-lhe novas capacidades, superiores às que ele tinha naturalmente. Ele colocou o homem de posse de duas linguagens: uma natural e outra supranatural. Graças a esta última, o homem pode transmitir seu pensamento a pessoas distantes; pode fixá-lo para seus descendentes; pode constituir para si um tesouro, desafiando o tempo e o espaço, com a produção intelectual de toda a humanidade.

"É surpreendente", disse Diringer,

> que a história da escrita seja negligenciada, tal como uma Cinderela, tanto pelos homens cultos como pelos ignorantes. Essa história não é objeto de estudos nem na universidade, nem nas escolas de ensino médio, nem fundamentais e nenhum museu importante jamais acreditou ser necessário apresentar uma exposição mostrando o desenvolvimento da escrita.[8]

Preocupados com o progresso exterior, os homens não prestaram suficiente atenção nesse instrumento mágico.

A escrita não é o alfabeto. A escrita é uma série de tentativas para transmitir o pensamento de uma maneira prática e permanente: sua história remonta a milhares de anos. O homem antes procurou representar os objetos de seu pensamento através dos desenhos, depois, simbolizar as idéias por sinais. Foi apenas recentemente que, através do alfabeto, ele encontrou uma solução simples.

8   David Diringer, *O alfabeto*.

Não são as idéias que devem estar representadas pelos sinais, mas os sons que compõem a linguagem, porque somente a linguagem pode verdadeiramente exprimir as idéias e o conteúdo dos pensamentos mais elaborados. E o alfabeto permite atingir esse resultado porque ele traduz fielmente a língua falada.

No ensino da escrita, a função do alfabeto em geral não é considerada. Ele é apresentado apenas como uma análise da linguagem escrita, e não como a reprodução fiel da língua falada. Ele é aprisionado na escrita, sem que se mostrem sua finalidade e seu interesse.

Por isso ele constitui uma árdua iniciação aos estudos. Sua finalidade e sua vantagem ficam por muito tempo ocultas para o espírito da criança. Mesmo nas línguas perfeitamente fonéticas, ensina-se a língua escrita da mesma maneira como se ensina a escrita chinesa, que não tem qualquer relação direta com os sons das palavras e que, portanto, não possui a maravilhosa e prática simplicidade do alfabeto.

Nossa experiência, que começou em 1906 com crianças de três a seis anos de idade, em Roma, é, creio eu, o primeiro e único exemplo de uma aprendizagem da escrita que use diretamente os sinais gráficos do alfabeto para transmitir a linguagem falada sem recorrer aos livros. O resultado foi surpreendente e inesperado: a escrita surgiu de forma "explosiva", começando por palavras inteiras, que jorravam sem parar do espírito das crianças. Com suas pequenas mãos, elas cobriam com palavras escritas as lousas, o chão e as paredes, num ímpeto infatigável e exuberante de trabalho criativo. Este espantoso fenômeno aconteceu com crianças com idade de quatro anos, quatro anos e meio.

Estou certa de que essa experiência, já antiga, pode revelar-se útil atualmente para combater o analfabetismo usando os recursos da natureza humana.

Já é em si um progresso concreto apresentar a escrita sob o seu aspecto real e simples, religando-o à língua falada. É um progresso concreto que pode ser aplicado tanto aos adultos como às crianças.

Dessa forma, a escrita torna-se um meio de expressão e suscita uma atividade cujo interesse é reforçado pelo entusiasmo de uma conquista evidente, pelo sentimento da conquista de uma nova atitude.

A linguagem escrita, após uma primeira fase em que se estabiliza no indivíduo, torna-se um talismã que permite penetrar no oceano da cultura, abrindo a todos, mais ou menos completamente, um mundo novo. Os livros de leitura e as cartilhas devem, então, ser suprimidos durante o primeiro período em que a escrita é conquistada como um novo meio de expressão. O alfabeto funciona então como uma chave que é virada interiormente.

A cultura em si não se confunde com o aprimoramento da escrita. Mas, se podemos facilmente imaginar um homem de experiência e de alto valor moral incapaz de ler numa época anterior à invenção do alfabeto, não podemos, absolutamente, concebê-lo analfabeto nos dias de hoje, na medida em que ninguém pode alcançar uma verdadeira grandeza moral sem participar da cultura de seu tempo.

Os dois aspectos sob os quais se pode considerar a linguagem conduzem a uma distinção que pode ser de grande importância prática. Saber escrever é possuir um meio de expressão. Trata-se de um mecanismo muito simples a ser adquirido. Podemos decompô-lo em dois elementos, e essa análise é bastante importante.

Ser letrado é muito mais que saber escrever. E ser iletrado é estar desprovido de cultura, o que é bem outra coisa do que ser analfabeto.

A aptidão de escrever só está ligada ao alfabeto e à linguagem falada; ela só exige a capacidade de analisar os sons. Ser letrado quer dizer instruído, culto, é ter penetrado a literatura, ligada ao mundo exterior, aos livros que fixam as imagens e as idéias, portanto à leitura.

Nossas experiências, realizadas com as crianças de quatro anos (período em que a escrita pode "explodir" como conseqüência de uma conquista já feita) foram particularmente relevantes. O desenvolvimento da linguagem dura de fato até os cinco anos e o espírito encontra-se então numa fase ativa para tudo o que concerne à palavra.

É durante esse período, que poderíamos chamar "estação da vida" na qual a linguagem escrita pode desabrochar e frutificar.

Na natureza, as colheitas não dependem apenas das sementes e da preparação do solo, mas também da estação em que se jogou a semente.

A análise do mecanismo da escrita, que permite ligá-la alfabeticamente com a língua falada, pode ser útil tanto para os adultos como para as crianças, mas a estação favorável é aquela durante a qual o ser humano completa e aperfeiçoa espontaneamente sua linguagem falada. É o "período psíquico sensitivo" das criancinhas, determinado pela natureza para esse objetivo. Pode-se aqui utilizar a expressão "desenvolvimento da linguagem escrita", porque, ligando o alfabeto aos sons da palavra, as duas linguagens se desenvolvem, se estendem e se enriquecem como um conjunto orgânico.

A preparação para a aquisição desse mecanismo pode acontecer segundo um processo natural. A própria linguagem falada começa pelos balbucios prolongados, que fazem funcionar mecanicamente os órgãos da fala. É apenas aos dois anos, assim que os movimentos desses órgãos estão bem estabelecidos, que a linguagem se desenvolve sob o impulso da inteligência da criança. Esta absorve, então, novas palavras e continua a aperfeiçoar a construção da linguagem, colhendo do ambiente e ouvindo as pessoas à sua volta. Há, então, duas fases diferentes: uma em que o mecanismo — o bom funcionamento dos órgãos da fala — está preparado por longos exercícios, e depois uma segunda, intelectual, em que a linguagem desenvolve sua construção expressiva.

Nessa segunda fase, a saber, no período intelectual do desenvolvimento natural da linguagem, o seu aperfeiçoamento pode ser auxiliado pelo conhecimento do alfabeto, da mesma maneira que, no adulto, a inteligência se aperfeiçoa graças à aquisição da cultura por meio da leitura.

O fato importante é que o conhecimento do alfabeto e a capacidade de escrever que ele permite ajudam no desenvolvimento da linguagem na criança. Se o alfabeto chega no momento certo, ele facilita um desenvolvimento natural e, por isso, é absorvido com uma avidez vital.

Os símbolos do alfabeto tais como os oferecemos às crianças, sob a forma de objetos distintos e manuseáveis, agem como estímulos que suscitam uma atividade consciente relacionada à linguagem articulada, adquirida anteriormente de maneira inconsciente. Eles conduzem as crianças à análise dos sons compondo as palavras e dão a esses sons uma forma visível permanente diante dos olhos.

O *alfabeto móvel* é um instrumento dócil que a mão pode manipular, que permite fazer combinações e construir palavras, como se faria com diferentes peças de um quebra-cabeça, e que guia em direção a uma conquista certamente maravilhosa, pois, com que conquista mais deslumbrante poderíamos sonhar?

Esses objetos em pequeno número permitem construir *todas as palavras* que uma criança possui e até mesmo palavras pronunciadas pelas outras. Este exercício intelectual tão fácil representa então uma ajuda à precisão, ao aperfeiçoamento e à fixação da linguagem falada.

A base desses exercícios consiste evidentemente em analisar as palavras, em *soletrá-las*. É um exercício interior que permite fazer uma revisão de sua própria linguagem decompondo-a. Isto a criança ainda não havia feito. Ela não poderia fazê-lo sem possuir a chave fornecida pelos sinais visíveis e móveis.

Desta forma, a criança *descobre* sua própria linguagem. Toda tentativa que ela faz para construir uma palavra se baseia numa pesquisa e atinge uma descoberta, aquela dos sons que formam a palavra que ela quer reproduzir.

Estes exercícios podem igualmente interessar ao adulto analfabeto. Isso foi provado. O alfabeto pode ser para todos uma chave que conduz à exploração de sua própria linguagem, suscitando um novo interesse por ela. O interesse não surge unicamente em função desta análise, que ultrapassa a dificuldade da ortografia na linguagem escrita, mas também de uma descoberta: os sinais alfabéticos são em pequeno número; no entanto, mesmo sendo poucos, podem exprimir a língua em todos as suas formas e em todas as ocasiões! Se um adulto, por exemplo, diz de memória uma poesia ou uma prece, ele pode, com o alfabeto, construir todas as palavras desse texto.

É fantástico pensar que todos os livros de uma biblioteca, todos os artigos que preenchem todos os dias as páginas de inúmeros jornais são todos combinações do alfabeto, e que as frases que ouvimos no meio em que vivemos e todas as que são transmitidas pelo rádio são compostas por esses mesmos pequenos objetos: as letras do alfabeto.

Pode-se compreender facilmente que este pensamento gera um sentimento de elevação do espírito no adulto analfabeto. Pode ser para ele uma revelação e uma fonte de inspiração.

Mas não são essas idéias que fascinam a criança: nela são as energias vitais que agem. Os exercícios com o alfabeto lhe dão emoções exaltantes, porque, no período de desenvolvimento da linguagem, esse trabalho de criação ilumina o espírito de uma luz viva.

Em nossas primeiras escolas as crianças agitavam papéis reproduzindo as letras do alfabeto, como se tratassem de agitar bandeiras, e manifestavam com gritos seus ímpetos de entusiasmo. Já evoquei em meus livros essas crianças que passeavam sozinhas, como monges em meditação, analisando as palavras em voz baixa: "Para fazer *Sofia*, é preciso *S-o-f-i-a*". Certa vez, um pai perguntou a seu filho, que freqüentava nossa escola: "Hoje, você foi bem?". A criança respondeu com ênfase: "Bem?... *B-e-m*!". Uma palavra o atingira e ele rapidamente analisou seus componentes sonoros.

Os exercícios com o alfabeto móvel colocam a linguagem em movimento e provocam uma atividade propriamente intelectual.

É preciso destacar, no entanto, que em todos esses exercícios a mão *não escreve*. A criança pode reconstituir palavras longas e difíceis, sem jamais ter escrito, sem jamais ter tido um lápis entre seus dedos.

O exercício de decomposição das palavras é apenas uma *preparação* para a escrita, mas nesse exercício duas atividades estão potencialmente reunidas: a escrita, por um lado, porque o que resulta objetivamente desses exercícios são palavras escritas, e, por outro, a leitura, porque, vendo as palavras escritas, as crianças as lêem. Eis porque esses exercícios contínuos de transcrição de palavras faladas em palavras escritas preparam, não somente a escrever, mas também a escrever *corretamente*.

Nas escolas, a ortografia da criança que escreve é freqüentemente incorreta. Essa dificuldade tão séria nas escolas tradicionais (a tal ponto que na América há hoje clínicas para a ortografia) é completamente resolvida graças às construções feitas com o alfabeto móvel. Esse exercício prepara para ler sem livros e para escrever sem escrever.

Trata-se, como eu disse, da "linguagem escrita liberada do mecanismo da escrita".

A escrita propriamente dita, com a pena traçando as letras do alfabeto, não é senão um mecanismo de execução. Além disso, podemos produzir escritos com máquinas de escrever ou imprimir independentes do trabalho intelectual.

A mão é como uma máquina viva, cujos movimentos devem ser preparados de maneira a poderem estar a serviço da inteligência. Em nosso percurso, essa preparação se faz através de exercícios distintos que conduzem a fixar as coordenações motoras necessárias.

A inteligência é o órgão executivo. Esta é uma noção que, na prática, conduz a diferentes caminhos de preparação.

Se iniciamos, como se faz nas escolas tradicionais, a ensinar a escrever *escrevendo*, encontramos dificuldades. Estas não são insuperáveis, mas são certamente *inibidoras* para o trabalho mental. É um pouco como se um homem já inteligente, cheio de idéias e ávido por falar, não tivesse ainda os mecanismos que permitem a articulação da palavra. Tal atitude é adotada para promover a linguagem nos surdos-mudos, suscitando os movimentos vocais articulados por meio do desejo e do esforço por falar.

A mesma coisa se passa assim que se quer promover a aprendizagem da escrita passando diretamente ao ato de escrever.

Se um operário de mão calejada precisa utilizar uma caneta de ponta fina, ou mesmo um lápis, ele é constrangido a fazer exercícios difíceis, penosos, até desencorajantes. A caneta rachada, as manchas de tinta e a ponta do lápis quebrada constituirão para ele uma aprendizagem deprimente. Seus resultados muito imperfeitos colocarão sua boa vontade a uma dura prova.

Para as crianças, nas escolas fundamentais, a caneta se torna um verdadeiro instrumento de tortura, e o ato de escrever, um trabalho forçado, imposto pela coerção e punições permanentes.

Uma preparação da mão é, portanto, necessária. É necessário aprender a escrita antes de escrever, através de uma série de exercícios interessantes que são uma espécie de ginástica, semelhante àquele que se pratica para relaxar os músculos do corpo.

A mão é um órgão externo cujos movimentos podem ser preparados através de uma aprendizagem apropriada, porque são visíveis e simples: não é como no caso da fala, que necessita de movimentos imperceptíveis e secretos de órgãos não visíveis como a língua e as cordas vocais.

A mão que escreve tem necessidade de certas coordenações, mas essas podem ser analisadas: conter entre os dedos o instrumento para escrever, o movimento fluido que guia a caneta, o desenho minucioso das letras do alfabeto e, simultaneamente, manter a mão leve e firme.

Esses diversos movimentos podem ser preparados, um a um, por meio de diferentes exercícios.

No que concerne aos adultos, pode-se perfeitamente imaginar uma preparação específica para os trabalhadores manuais análoga à que realizamos para as crianças de nossas escolas, cada exercício preparando um gesto.

Deslocando objetos durante os exercícios sensoriais, as crianças preparam suas mãos para todos os movimentos necessários ao ato de escrever.[9]

Basta dar-lhes indicações exatas sobre a maneira de usar os instrumentos da escrita.

A *precisão* no seu manejo desperta nas crianças um novo interesse. No período da primeira infância, elas são incitadas pela natureza a coordenar os movimentos de suas mãos, o que revela sua tendência instintiva de tocar tudo, de tudo pegar e de brincar com qualquer objeto. Na "idade dos jogos" a mão da criança é levada por um impulso vital que se presta a uma preparação indireta para a escrita. Nessa idade, há o gosto pelo desenho.

Essa imensa vantagem de uma mão *nova* e animada por energias naturais não se encontra mais no adulto, e mesmo já na criança de seis anos. Esta já ultrapassou o período sensível (a idade dos jogos, a idade do tocar) e já fixou ao acaso os movimentos de sua

---

[9] Veja-se *Metodo di preparazione indiretta della scrittura* [Sugerimos ler no livro: *A descoberta da criança*, Edições Kírion, Campinas, 2017, cap. "A linguagem gráfica", p. 193 — NT].

mão. No trabalhador a situação é mais desfavorável ainda porque, para aprender a escrever, ele tem que vencer os reflexos que seus hábitos de trabalho fixaram em sua mão. Exatamente por isso é útil preparar, indiretamente, a mão do adulto analfabeto com a ajuda de exercícios manuais, particularmente com a ajuda do desenho, não à mão livre, mas com uma diretriz precisa, que permita obter um resultado satisfatório: a reprodução bem executada de modelos decorativos.

Fazendo isso, teríamos uma espécie de ginástica preparando os mecanismos da mão, paralela, em seu propósito, à preparação intelectual da escrita realizada pelo alfabeto móvel.

O espírito e a mão, então, são preparados separadamente na conquista da linguagem escrita, segundo exigências diferentes.

Falta apenas o gesto decisivo, o que vai traçar efetivamente com a mão os sinais do alfabeto que o olho já conhece.

Os métodos tradicionais, que estão em uso nas escolas, consistem em fazer a criança copiar letras já traçadas, colocadas como modelos diante de seus olhos. Essa exigência parece lógica, mas é apenas ingênua. Porque os movimentos da mão não estão ligados diretamente ao que o olho vê. *Ver não ajuda a mão a escrever.* Quando se tenta executar uma escrita olhando um modelo, trata-se de uma ação da vontade.

O mecanismo não é o mesmo que na elaboração da linguagem falada, em que o ouvido e os movimentos permitem emitir sons articulados que têm uma misteriosa e íntima correlação, o que é uma das características distintivas da espécie humana. É porque o ato de copiar repousa num esforço artificial que conduz a uma série de tentativas imperfeitas, cansativas e desencorajantes.

A mão pode, de fato, preparar-se para traçar os sinais alfabéticos, mas, se um dos cinco sentidos pode ajudá-la, não é o da visão, e sim o tato, a cinestesia. Para isso, preparamos para as crianças letras recortadas em papel de esmeril coladas em papel liso, e ensinamos às crianças como tocá-las minuciosamente passando os dedos sobre cada uma, no sentido da escrita. Assim, as crianças se tornaram capazes de reproduzir, em sua dimensão, as formas das letras do alfabeto móvel.

Processo muito simples que, no entanto, conduz a resultados

espantosos!

Porque assim as crianças registram em suas próprias mãos a forma das letras, sua caligrafia é perfeita desde que começam a escrever espontaneamente. Todas as crianças escrevem da mesma forma porque todas tocaram as mesmas letras.

Pode-se perfeitamente adotar o mesmo procedimento para os operários analfabetos. Qualquer operário, deixando-se guiar pelo efeito do lado áspero das letras sobre a sensibilidade tátil de seus dedos, é capaz de seguir o contorno das letras. Ele pode seguir todas as particularidades da forma própria de cada letra do alfabeto.

Há cerca de dois séculos, um artista que trabalhava no Vaticano formou assim adultos na escrita caligráfica. Nesta época os livros ainda se escreviam à mão sobre o pergaminho, obras de arte refinadas: havia, então, especialistas na caligrafia, quer dizer, na bela escrita, mas realizar perfeitamente os detalhes particulares da escrita às vezes oferecia dificuldades.

Esse artista, então, em vez de pedir que seus alunos copiassem modelos, teve a idéia de fazer com que os tocassem, e desse modo conseguiu preparar calígrafos capazes de trabalhar com tamanhas rapidez e precisão para as quais, com outros métodos, precisaria de muito mais tempo e não seria sempre coroado de sucesso.

É simples como o ovo de Colombo; é prático e lógico.

Quando tudo está pronto, a mão pode pôr-se a escrever. E se o espírito já fez exercícios de decomposição e de reconstrução das palavras, a escrita pode "explodir" de repente pelo traçado súbito de palavras inteiras e mesmo de frases. É como um prodígio, como um novo dom da natureza.

Foi isso que aconteceu durante a famosa "explosão da escrita" entre as crianças de quatro anos. Elas escreviam reproduzindo as formas que haviam tocado, e assim escreviam bem. Além disso, a ortografia delas era correta, porque fora uma conquista independente e anterior de suas inteligências.

A rapidez com que as crianças aprendiam a escrever era surpreendente. Em minhas próprias experiências, elas foram colocadas pela primeira vez em contato com o alfabeto no mês de outubro, e perto do Natal escreviam cartas para suas famílias.[10] Antes disso já haviam iniciado a escrever sobre a lousa palavras de recepção às pessoas que vinham visitar a escola.

Isso acontecia porque a mão das crianças estava preparada indiretamente para escrever por uma longa manipulação do material sensorial, e porque a língua italiana é quase totalmente fonética e pode ser escrita com apenas vinte e uma letras.

Mas nas línguas não fonéticas o fenômeno também se produz, exigindo, evidentemente, um pouco mais de tempo. Em todos os países em que a língua não é fonética, como nos de língua inglesa e holandesa, por exemplo, as crianças de nossas escolas já estão alfabetizadas aos seis anos.

Quanto à leitura, ela já está implícita nos exercícios com o alfabeto. Numa língua totalmente fonética ela poderia até mesmo desenvolver-se sem qualquer ajuda na medida em que houvesse bastante entusiasmo pela descoberta dos segredos da escrita.

Quando, aos domingos, nossos pequeninos passam com seus pais diante de vitrines, eles se demoram diante delas e conseguem decifrar as palavras pintadas em caracteres de imprensa, embora as letras que eles conhecem pelo nosso alfabeto móvel sejam cursivas.

Eles fazem, então, um verdadeiro trabalho de interpretação, semelhante ao que fazemos para ler as inscrições dos povos desaparecidos.

Tal esforço só pode ser atingido se houver um intenso desejo de decifrar o que está escrito.

Em nossa primeira escola, freqüentada por crianças que eram todas filhas de iletrados e que não possuíam livros em casa, uma das crianças trouxe um dia um pedaço de papel amassado e sujo dizendo: — Adivinhem o que é! — Um pedaço de papel sujo. — Não, é uma história. As demais crianças se reuniram ao seu redor muito espantadas e todas se convenceram da prodigiosa verdade.

Depois isso, elas procuravam livros e arrancavam páginas para levar para casa.

---

10   O ano letivo na Europa tem início nos primeiros dias de setembro — NT.

Pode-se concluir de tais experiências que a aprendizagem da leitura depende mais da atividade mental da criança do que do ensinamento que lhes é dado.

Com cinco anos nossas crianças liam livros inteiros e a leitura as satisfazia e as divertia tanto quanto as histórias fabulosas que os adultos contam às crianças para distraí-las.

As crianças se interessam pelos livros quando sabem ler. Isso é tão evidente que parece inútil dizê-lo, no entanto...

Nas escolas tradicionais, a leitura começa diretamente nos livros: as crianças devem aprender a ler, lendo.

Os primeiros livros de leitura são concebidos com base em velhos preconceitos sobre as dificuldades imaginárias a serem superadas sucessivamente, fazendo progredir de palavras curtas para longas, de sílabas simples para sílabas complexas e assim por diante, quer dizer, colocando, a cada passo, obstáculos a serem vencidos.

Em realidade, essas dificuldades não existem. As crianças já possuem, em sua língua materna, palavras curtas e longas e sílabas de toda espécie. Basta então fazer uma análise dos sons e encontrar, para cada um, o sinal alfabético correspondente. É assim, mesmo que pareça difícil de entender aos que ainda são estranhos a essa verdade!

A leitura não deve ser usada para superar dificuldades como essas. Ela é a entrada na linguagem escrita, no domínio da cultura. Ela não é, como a escrita, um *meio de expressão*. Ela tem por objetivo, ao contrário, recolher e recriar, graças aos símbolos alfabéticos, palavras expressas por outras pessoas que nos falam no silêncio.

A leitura também necessita de uma preparação.

Não é possível descrever aqui de forma detalhada os meios que nós usamos para esse objetivo, mas é preciso repetir que a leitura não deve começar com os livros.

Nós iniciamos as crianças nela com uma série de materiais, que começam por pequenos papéis onde são escritos os nomes conhecidos de objetos familiares: trata-se de reconhecer o sentido da palavra lida, colocando o papel ao lado do objeto que ela representa.

Na fase seguinte, damos frases curtas que indicam ações a serem executadas. Propor *nomes* ensina a distinguir um componente da oração; propor ações faz distinguir outro componente, a saber, os *verbos*. É assim que as primeiras leituras podem ser preparadas de uma maneira que introduza o estudo gramatical da linguagem.

A criança de dois anos possui não unicamente palavras, mas também suas diversas combinações, necessárias para exprimir o pensamento em sua língua materna. Não basta o significado das palavras para que se obtenha o sentido da frase: é preciso ainda que as palavras sejam postas na ordem correta para que a idéia expressa seja clara.

Cada língua tem sua maneira de ordenar as palavras e esta ordem é totalmente transmitida a cada um durante os dois primeiros anos da vida.

E da mesma forma que, durante o período da aquisição do alfabeto, a análise dos sons que compõem as palavras ajuda as crianças a tomarem consciência de sua própria linguagem, também a leitura apoiada na distinção das partes do discurso ajuda a tomar consciência da construção gramatical, das funções de cada elemento e de sua ordem na frase, tornando-a, assim, compreensível.

A gramática toma, dessa maneira, uma forma "construtiva" guiada pela análise, e não é, como nos métodos tradicionais, uma espécie de anatomia, que disseca a frase em seus elementos para analisá-la.

Essas pequenas lições de gramática são curtas, fáceis, claras e imediatamente interessantes. Sobretudo são acompanhadas de atividades motoras, não unicamente da mão, mas do corpo inteiro. Essas lições ativas de gramática propõem ações e jogos que favorecem a exploração da linguagem e, conseqüentemente, de maneiras de exprimir que foram adquiridas inconscientemente. Isso porque a *exploração da linguagem que já está construída* na mente da criança acontece através de exercícios práticos atraentes ligados à leitura.

E como é através da visão que lemos essas frases, para que sejam atraentes por si mesmas, elas são escritas com letras grandes e diversas cores vivas. Isso não apenas torna a leitura mais fácil, mas também permite a identificação das diferentes partes do discurso.

Nesta fase, podemos ajudar a criança a corrigir os erros de gramática nas frases com esse tipo de exercício, da mesma maneira que, com a análise fonética das palavras, lhe facilitamos a conquista da ortografia.

Nesse processo, certos fatos são difíceis de compreender por quem não o praticou. Por exemplo, não haver uma progressão nos exercícios: eles formam um conjunto, e são retomados várias vezes; alguns, que seriam considerados os mais difíceis em escolas tradicionais, podem preceder outros mais fáceis, uns e outros alternando-se ao longo do mesmo dia. Pode acontecer que uma criança de cinco anos que já lê livros inteiros retorne a tomar parte com entusiasmo das lições de gramática e participe dos jogos ligados a elas.

Assim, a lição se conecta diretamente com o plano da cultura, porque ela não se limita a fazer as crianças lerem: fazendo-as estudar a língua, ela faz progredirem seus conhecimentos gerais. Nesse processo extraordinário, encontram-se e superam-se todas as dificuldades gramaticais. Mesmo as pequenas variações que as palavras sofrem para se adaptarem às particularidades de um discurso expressivo — prefixos, sufixos, flexões — tornam-se descobertas interessantes. A conjugação dos verbos provoca uma espécie de análise filosófica, que permite entender como, no discurso, o verbo é *a voz que fala* das ações e não a indicação das ações efetivamente concluídas. A criança toma consciência dos diversos tempos e modos. E os verbos irregulares, tão difíceis de aprender, já existem na linguagem da criança: trata-se apenas de descobrir que são irregulares.

É totalmente diferente, certamente, quando se estuda a gramática de uma língua estrangeira em que é necessário aprender tudo. Infelizmente, não é desta maneira que, nas escolas tradicionais, se aprende a gramática de sua língua materna? Nelas se estuda a própria língua como se se tratasse de uma língua estrangeira! Não se leva em conta o trabalho divino e misterioso da criação, a maior maravilha da natureza!

É fácil admitir que lições de gramática tão simples e claras podem ser usadas pelos adultos iletrados. Caso contrário, para aprender a ler eles deveriam se esforçar por compreender o que está escrito num livro que nada tem de atraente por conta da monótona uniformidade da impressão. Aparece aqui a dificuldade de assimilar ao mesmo tempo dois alfabetos diferentes: o que usamos para escrever e o que é preciso conhecer para ler.

A exploração gramatical da língua não só facilita a leitura como oferece satisfações estimulantes, uma vez que nos permite tomarmos consciência da linguagem que já possuímos, enquanto a leitura dos livros obriga a nos concentrarmos sobre as idéias vindas do exterior.

Além disso, do ponto de vista prático, não é fácil, para o ensino de uma massa de adultos iletrados, encontrar suficientes professores que tenham bom conhecimento da gramática. Um material especialmente concebido para esse fim pode superar a imperfeição dos mestres improvisados e reduzir, para os próprios mestres, a dificuldade do ensino.

Ao longo de uma experiência realizada na Inglaterra após a Segunda Guerra Mundial, uma professora escocesa declarou: "Eu estava embaraçada porque havia muito a fazer, mas o material supriu minhas deficiências. Minha classe transformou-se em verdadeira usina de gramática, cujos operários estavam muito ocupados e muito felizes".

A cultura não deve ser confundida, como eu disse mais acima, com a aprendizagem da leitura e da escrita.

A criança de cinco anos não é culta porque possui a linguagem escrita, mas porque é inteligente e aprendeu muita coisa.

De fato, aos seis anos, nossas crianças já possuem numerosos conhecimentos diferentes de biologia, geografia, matemática e outros, devidos diretamente a um material visual fácil de manipular.

Mas não é esta a questão que desejo tratar aqui. Eu me propus limitar-me a esse problema da atualidade que é a eliminação do analfabetismo nas massas populares.

A cultura pode ser transmitida pela palavra, portanto, pelo rádio e pelos discos. Ela pode igualmente ser difundida pelos filmes cinematográficos. Mas, antes de tudo, *deve-se permitir que a criança a retire* de atividades que utilizam materiais que lhe permitem adquiri-la por si mesma, impulsionada pelo seu espírito de pesquisa e dirigida pelas leis de seu desenvolvimento. Estas mostram que a cultura é absorvida pela criança através de experiências pessoais, graças à repetição de exercícios interessantes durante os quais se apela sempre à atividade de suas mãos, órgãos que cooperam no desenvolvimento da inteligência.

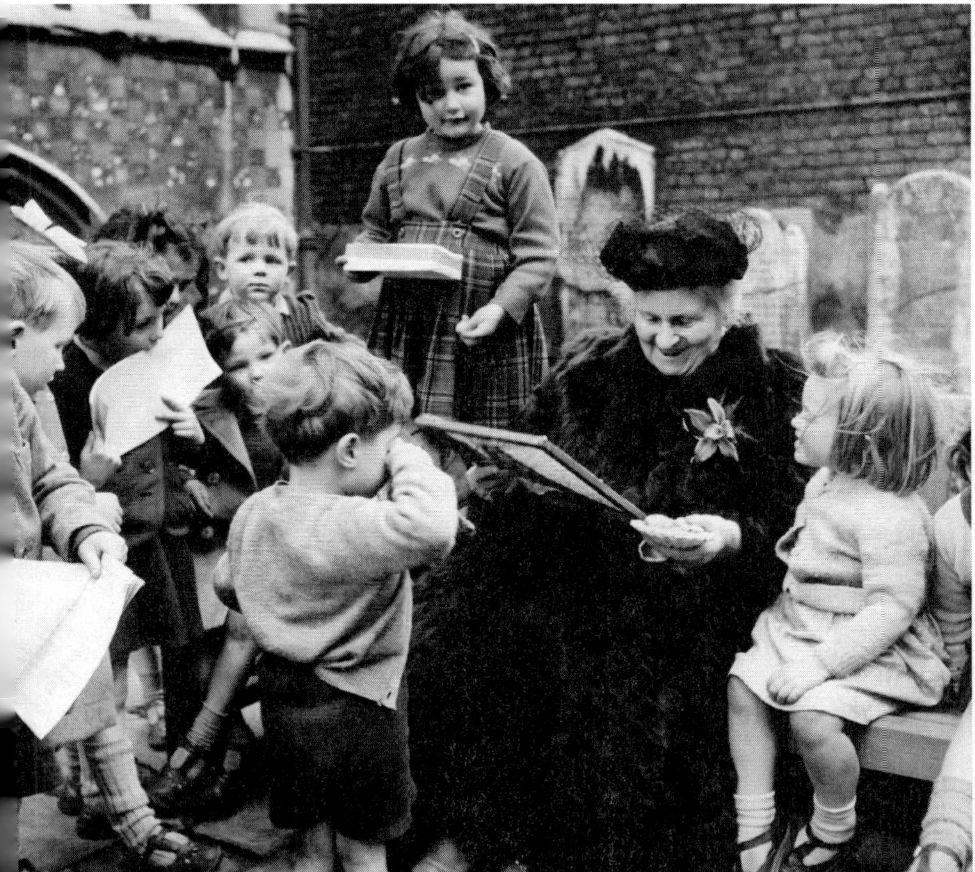

Dados Internacionais de Catalogação na Publicação (CIP)

Montessori, Maria.
A formação do homem / tradução de Sonia Maria Braga –
Campinas, SP: Kírion, 2018.
Título original:
La formation de l'homme

ISBN 978-85-94090-17-1

1. Educação 2. Montessori
I. Maria Montessori II. Título

CDD 370 / 371-392

Índices para catálogo sistemático:

1. Educação – 370
2. Montessori – 371-392

Este livro foi composto em Sabon Lt Std
e impresso pela Gráfica Daikoku, São Paulo-SP, Brasil,
nos papéis Pólen Soft 80 gr/m² e Cartão supremo 250 gr/m².